屈原

方英敏 著

大家精要

Qu Yuan

陕西师范大学出版总社

图书代号 SK17N0226

图书在版编目（CIP）数据

屈原 / 方英敏著. —西安：陕西师范大学出版总社有限公司，2017.7（2024.1重印）

（大家精要）

ISBN 978-7-5613-9339-0

Ⅰ.①屈… Ⅱ.①方… Ⅲ.①屈原（约前340—约前278）—传记 Ⅳ.①K825.6

中国版本图书馆CIP数据核字（2017）第138593号

屈 原 QU YUAN

方英敏 著

责任编辑 宋媛媛

责任校对 陈柳冬雪

封面设计 张潇伊

出版发行 陕西师范大学出版总社

（西安市长安南路199号 邮编 710062）

网 址 http://www.snupg.com

印 制 永清县晔盛亚胶印有限公司

开 本 650 mm × 930 mm 1/16

印 张 10

字 数 100千

版 次 2017年7月第1版

印 次 2024年1月第4次印刷

书 号 ISBN 978-7-5613-9339-0

定 价 45.00元

电话：（029）85303879 传真：（029）85307864 85303629

目 录

第 1 章

人生之旅

屈原是中华美学史上的伟人，像所有的巨子那样有着丰富、多样的人格。他将民本政治家的操守与忧患、哲学家的理性与睿智和诗人的激情与想象集于一身，像一部复调的交响曲大气磅礴而撼人心魄。

在先秦诸子蜂起、群芳斗艳的时代文化氛围中，与其他诸子相比，屈原没有创立学派，亦没有抽象的政论著作和哲理语录，但他以其理想主义的生命个性和人生信仰为底蕴，演绎出瑰丽超逸的艺境和坚卓纯粹的人格美形象，从而独树屈原美学一帜，参与了先秦百家争鸣的时代合唱，成就了先秦美学发展过程中的惊鸿一瞥。

屈原生活在中国历史的巨变之际。一方面，先秦社会经历了长达数百年的分裂割据局面之后，走向统一的潮流势不可挡；另一方面，屈原生死于斯的楚国亦经历着由盛而衰的转折。在历史走向一统大势的时风裹挟之下，楚国已是风雨飘摇，并最终为异国所吞灭。这种时代的风云际会，对生活在历史夹缝之中的中国士大夫而言，极为容易被其生性敏感的心灵所捕捉。对中国士大夫而言，他的存在往往是史、文合一的，即同时扮演着政治家与文学家的双重角色。政治与文学是中国士大夫血液之中的双生之质。因而，政治与文学之间的关系在中国士大夫身上显得异常纠结。他们既以政治理想诱导文学，又以文学疏导政治悲欢，从而编织出种种人文理想。特别是历史巨变之际，政治与文学的交相摩擦，常常磁暴般引发绚丽的人文景观。屈原就是其中的一抹。楚国的历史遭际作用于他这一独特个体，从而在先秦社会接近尾声之时铸造出了悲怆的政治和绚烂的美学。

诞生与家世

屈原，名平，字原，亦名正则，字灵均，战国末期楚国人。约生于公元前 339 年，约卒于公元前 278 年，共经历了楚威王、楚怀王、楚顷襄王三个王朝。战国时代的楚国地广物博，占有今湖北省全部以及湖南、河南、安徽、陕西、江苏、江西各省的一部分。屈原的家乡是楚国丹阳，今湖北省西部的秭归县。

秭归是一个巨川深谷、风光旖旎的地方。地理环境对人的精神气质应该是有影响的。譬如，长江三峡跌宕起伏的山峦、狂放奔腾的江水，与屈原恃才傲物、桀骜不驯的个性何其相似。因此，故乡的风土人情对屈原理想主义精神气质的形成和浪漫主义的艺术创造，应该有着密切关系。

据屈原的自述，他是“帝高阳之苗裔”，即上古高阳氏的后裔，与楚同宗。按聂石樵先生的说法，在楚国屈氏、昭氏、景氏三大族中，屈氏受封最早，族人最盛，绵世最久；从春秋到战国，屈氏的子孙或为将，或为相，或为官，或为吏，出了不少显要人物。这种非常显赫的家世渊源对屈原成人、成才的心理暗示和激励作用是可想而知的。

屈原有哪些亲属呢？据他的自述“朕皇考曰伯庸”，可知他的父亲叫伯庸，是一个很重视并具有天文历算知识的人。他以屈原的生日为吉日而欣喜，便给儿子取了个美好的名字，名正则，字灵均。取此嘉名，似乎也寄托着父亲对儿子日后养成中正、聪慧之资质的期许。屈原似有一个姐姐，名叫女媭。据屈原自述，姐姐曾劝说他明哲保身，放弃自己的政治理想。传说屈原于汨罗江自沉后，他姐姐沿江哀告呼号、召唤弟弟的亡灵，其情其景，感人至深。屈原应该还有妻子。据《襄阳风俗记》载：“屈原五月五日投汨罗江，其妻每投食于水以祭之。原通梦告妻，所祭食者皆为蛟龙所夺。龙畏五色丝及竹，故妻以竹（叶）为粽，以五色丝缠之。”这则史料记载的是屈原妻子以粽子祭祀、悼念亡夫的故事。虽为传说，但从中推想屈原有妻子大概是可以想象的。就屈原生活的荆楚之地而言，在这一楚腰纤细、湘女多情的水乡泽国里，以屈原的才情与魅力，生命之中若没有几个钟情于他的女子，恐怕也不合乎情理。至于屈原是否还有其他的亲属，鉴于史迹渺茫，已经无从考察了。

从文学侍臣到官至左徒

屈原天资聪慧，又好修为常，后来他做了楚国兰台宫里的一名文学侍臣。兰台宫是楚国的宫苑，遗址在今湖北省钟祥市的郢中镇中心。兰台的得名，相传起源于舜帝。在舜帝时期，汉水流域洪水泛滥。为了治理洪水，楚国先民垒筑高台、开沟引渠，疏导汉水。治水期间，楚人在汉水中游因地制宜，相继筑起三座高台以抵御洪水。舜帝南巡时，曾驻帐中台，并亲手种下兰花蕙草，并将此台取名为兰台。

楚国筑建兰台宫苑，既是作为楚王的行宫，同时又是作为官方的文艺机构，意在广纳当时的文学之士。屈原就是其中之一。据刘勰《文心雕龙·时序》记载，春秋以后，北方中原的群雄忙于武力征战、稳定政权、发展生存，崇尚权诈之术，对文化学术无暇留意，只有齐国和楚国，还颇有一些文化学术。齐国开通康庄大道、建造高门大屋来迎接文学之士，楚国则修筑了兰台宫苑。孟子到齐国去被奉为上宾，荀子到楚国去做了兰陵令，齐、楚两国礼纳贤才的气度可见一斑。齐、楚两国还营造了自由思想、创作的文坛学术氛围。邹衍因善谈天文而驰名，驺奭因文才而著称。屈原的作品可与日月争光，宋玉作品的文采也美如风云。他们作品之华美，甚至超过了《诗经》的篇章。可见，兰台宫苑的建造和设立确实推动了楚国的思想文化和文学艺术的繁荣与发展。

兰台之地不仅吸引了许多文人墨客，还培育了莫愁女等歌舞艺术家，把名曲《阳春》《白雪》唱遍国中，谱写了“阳春白雪”的风流佳话。

清代著名诗人毛会建曾赋诗《古兰台》赞道：

百尺兰台气象雄，披襟况有大王风。
诗人亦自分余劲，白雪歌声遍国中。

这首诗赞叹的就是当年楚地兰台人文荟萃的气象。百尺兰台高耸，满城兰蕙芬芳，楼阁亭角错落，汉水临城而流，文人吟唱，歌舞悠扬，这是一幅多么富有诗意的画面啊！

兰台宫苑作为楚王与群臣理国施政之处，与文人兴会抒怀之地，它培育了楚文化的两代文豪——屈原和宋玉。作为文学侍臣，他们的职责就是随从楚王，或出游，或赴会，为楚王作歌赋诗，或为应对诸侯、宾客，或为陶情冶性而乐。屈原曾在《招魂》中说："陈钟按鼓，造新歌些""结撰至思，兰芳假些。人有所极，同心赋些"。似乎就是追忆自己在宴会上为楚怀王作歌赋诗以配乐舞的情形。屈原之后，楚国有名的文学侍臣还有宋玉、唐勒、景差等，其中以宋玉最为知名。相传宋玉是屈原的学生，世人以"屈宋"并称。楚顷襄王多次在兰台游乐，当时都有宋玉随从。宋玉的《风赋》就写于兰台。

文学侍臣在战国时代是非常普遍的现象。诸侯王雇佣文学之士来赋诗作乐，或聊以娱乐，或点缀升平，或作为说客来开展外交活动。当时，在中原地区诸侯国的外交活动中非常流行一种外交辞令，谈判游戏规则就是"赋诗言志"。所谓"赋诗言志"就是通过对《诗经》断章取义、吟唱诗章来委婉表达各自的意图，以微言相感，借以沟通相互间的关系。作为一个国家的最高领导者能否熟练运用《诗经》章句来委婉传情达意，不仅关系外交目的的成功实现与否，也能反映自身素养的高下。为了不失外交礼节和风范，诸侯贵族必然雇请饱读诗书的文士作为参谋。这就为广大的文士阶层提供了机会和用武之地。

屈原的政治生涯就发轫于文学侍臣一职。后来，由于他

"娴于辞令"，很快就受到楚怀王的信任和重用，被提拔为左徒。左徒是仅次于宰相的官。战国时代，善于辞令的士人，凭借自己的游说而身至卿相的文士并不鲜见。如邹忌，他鼓琴自荐，以鼓琴之理状喻治国、称霸之道，深得齐宣王的欢喜，二人交谈多日后，便被齐宣王拜为宰相。齐国任用邹忌进行改革后，在政治、经济上都有了新的气象。又如苏秦，他出身农家，素有大志，勤奋读书。著名的"头悬梁，锥刺股"的故事就是出自于他。他伏案苦读多年，受尽人情冷暖之后，终获大用，以其"合纵"之策游说于燕、齐、赵、魏、韩、楚六国之间，促成六国结盟，共同抵御秦国，成为战国时代一人而佩有六国相印的风云人物。屈原与他们一样有着相似的仕途升迁路线。他以其"明于治乱"的说辞而深得楚怀王重视，因而由一个文学侍臣一跃而为左徒。

施展治国方略

屈原升任左徒高位后，实际上迎来了他政治生命的高峰。他旋即在楚国进行了大刀阔斧的改革。司马迁在《史记·屈原列传》中说他"入则与王图议国事以出号令，出则接遇宾客应对诸侯"，即在内政、外交两方面都发挥着重要作用。具体来看，屈原的雄才大略有如下方面：

首先，修明法度。屈原秉承怀王"造为宪令"之命和仿效祖先创立法典的精神，拟定新的法制条文。"宪令"不仅指国之大法，而且主要内容是指法不阿贵和赏罚分明。这实际上是战国时代各国改革新政的主要内容之一，具有普遍意义。屈原在《离骚》中说："众皆竞进以贪婪兮，凭不厌乎求索。羌内恕己以量人兮，各兴心而嫉妒。"又说："固时俗之工巧兮，偭规矩而改错。背绳墨以追曲兮，竞周容以为度。"这就是对旧贵族贪婪弄权、蔑视法纪的揭露。屈原认识到，这已成为楚国的痼弊，唯有法治、赏罚分明的制度和法不阿贵的依法办事精神才是兴国之道。他在《惜往日》中说：

乘骐骥而驰骋兮，无辔衔而自载。

乘氾泭以下流兮，无舟楫而自备。

背法度而心治兮，辟与此其无异。

他以骑马而不备辔衔、泛江海而不用舟楫来比喻治理国家没有法度，凭主观意志办事的危险性。同样在《惜往日》中，他追忆了依法治国给国家带来的新气象：

惜往日之曾信兮，受命诏以昭时。

奉先功以照下兮，明法度之嫌疑。

国富强而法立兮，属贞臣而日娭。

这里屈原抒发了自己受怀王信任和继承祖制而明确法度的自豪。他依法办事，把国家治理得有条不紊，以至于怀王也因有他这样的"贞臣"辅佐而可以有闲暇、高枕无忧地娱乐了。

其次，举贤授能。屈原主张不拘一格、不分贵贱，选拔真正有才能的人来治理国家，反对世卿世禄。他在《离骚》中举例说：

说操筑于傅岩兮，武丁用而不疑。

吕望之鼓刀兮，遭周文而得举。

宁戚之讴歌兮，齐桓闻以该辅。

他以奴隶傅说、屠夫吕望、商贩宁戚的历史事迹为例，说明了不拘身份选拔人才的合理性。如傅说是商朝武丁时期的宰相，他从政之前，曾是一名奴隶，和许多奴隶一样做着苦役。商王武丁在位时，为了振兴国家微服私访，希望找到一位能辅佐他的得力大臣。有一次，他偶遇奴隶傅说，发现傅说虽出身寒微，却天生聪颖、好学不倦，对国家大事颇有见地。武丁很佩服他的才识，就与之结为好友。在与傅说相处期间，武丁学到了不少治国的知识和本领，并排除阻挠而拔擢傅说为宰相。吕望、宁戚与傅说一样，都是出身卑微而身至卿相的典型。从这些活生生的历史事实中，屈原坚定了自己举贤授能的政治理念。

举贤授能所要反对的就是世卿世禄的制度。世卿世禄制是与血缘宗法制统治相联系的官员选拔任免制度，世世代代，父死子继，连任官职和享受俸禄，它的核心就是确保统治阶层将统治权牢牢控制在自己的族人手中。这一制度发端于夏代，但随着社会生产力和生存关系的发展，仅仅靠血缘家族内部的人员已无法维持正常的统治，它的弊端逐渐显现出来，并出现瓦解趋势。战国以来，无论是李悝的“食有劳而禄有功”、吴起的“废公族疏远者”，还是商鞅的军功入爵，其改革矛头都直指世卿世禄制，以保证有能力的王族之外的人进入官僚管理层。屈原虽然出身于楚国贵族，但他看到贵族的没落与新兴士族的兴起已势不可挡。他强调举贤授能，吸收新的阶层成员来革新政治。因此，他举贤授能的改革措施和要求具有强烈的时代意义。

最后，合纵抗秦。这是屈原支持的外交主张。屈原生活的时代，战国七雄的争霸斗争已进入尾声阶段，大一统已经成为历史必然。各国相继经过变法改革后，形成了三股最有可能统一全国的政治实力：秦、齐和楚。随着时间的推移，楚国与秦国又成为列强之中最有资格担当起统一大任的国家。于是，“合纵”与“连横”的策略应运而生，它是战国时期纵横家所宣扬并推行的外交、军事策略。当时，最为知名的纵横家有苏秦和张仪。所谓“合纵”就是南北燕、齐、魏、赵、韩、楚六国联合成一条纵线，共同对付西部的秦国。所谓“连横”就是秦国与东方六国中的某一国家结盟，形成一条东西向的横线，来进攻另一个国家。当时，“合纵”策略由苏秦倡导，以对抗秦。“连横”策略由张仪策划，以拆散合纵为目的，来瓦解秦的敌对联盟。对于楚、秦两国而言，“合纵”与“连横”都是颇具现实感的策略。只要各自的策略能够有效地付诸实施，那么一统天下的伟业对双方都是有可能的。所谓“横则秦帝，纵则楚王”，正是指的这一局势。在合纵抗秦的方针下，屈原曾成功地使楚国与齐国结成了联盟，延缓了强秦兼并的步伐，并为楚国的强国计划赢得了时间。

屈原的内政、外交韬略是颇具现实感的，并使楚国一度出现了国富兵强、威震诸侯的局面，若能够贯彻始终，以楚国当时的实力，或许最终一统天下的就未必是秦国。

身陷激烈的政治斗争

但是屈原生不逢时。这是一个黄钟毁弃、瓦釜雷鸣的时代。楚国漆黑一团的腐败政治使得屈原的内政、外交韬略并未得到一以贯之的实施，甚至改弦更张，被弄得面目全非。

任何改革都是利益的重新调整，它必然会触犯既得利益集团，并遭到旧势力的阻挠。新、旧势力之间的斗争是任何改革难以避免的。司马迁《史记·屈原贾生列传》说，屈原任左徒后，深得怀王的信任，“上官大夫与之同列，争宠而心害其能。怀王使屈原造为宪令，屈平属草稿未定。上官大夫见而欲夺之，屈平不与。因谗之曰：‘王使屈平为令，众莫不知。每一令出，平伐其功，曰：以为非我莫能为也。’王怒而疏屈平”。按金开诚先生的说法，这件事实际上是一场重大而激烈的政治斗争在历史上留下的影子。

应该看到，屈原与上官大夫之间的矛盾并非简单的个人恩怨，而是改革派与反改革派的利益冲突。所谓上官大夫夺稿，屈原不与，若从字面意思看，是说上官大夫想夺取宪令的稿件，屈原不给他，有点近似儿童之间你抢我夺的嬉闹。但实际上，它是一场严肃、残酷的变法与反变法之间的深刻斗争的一个缩影。司马迁不过是以举重若轻的文学笔法来描绘了它。

前面讲到了心怀政治理想的屈原，在内政上提倡修明法度，举贤授能；在外交上，坚持联齐抗秦政策。应该说，屈原的政治主张符合楚国的长远利益，楚人理所当然应该支持，但它却触动了贵族阶层的既得利益。以上官大夫、公子子兰为代表的贵族阶层，正是在自身政治及经济利益受到侵害的情形下，相继成为屈原的政敌。常言道，天下熙熙皆为利来，天下攘攘皆为利往。俗人之间都常常为自己的一己之利益得失闹得不可开交，何况政治利益集团之间的争斗呢？

屈原的改革并非细枝末节的修补而是根本性的变革，它是由经济基础的变化所必然要引起的上层建筑的变革。因此，屈原新政所触动的并非某一个人的利益，而是楚国整个旧贵族集团的利益。无论是修明法度还是举贤授能，这些改革措施在战国时代各国的变法中都是具有明确的针对性和普遍意义的。屈原新政的全面性、深刻性和对旧贵族利益集团触动的尖锐性，不但上官大夫、子兰受不了，连支持他改革的怀王也变得犹疑起来。屈原在《离骚》中曾对怀王抱怨说："初既与余成言兮，后悔遁而有他。余既不难夫离别兮，伤灵修之数化。"所谓"成言"是指怀王信任并支持屈原改革的承诺，而"悔遁而有他"则指怀王改变了既定的改革决心和路线。屈原所伤痛者正是怀王在政治立场上的变化无常。不过，深入地看怀王在改革问题上的立场摇摆，甚至放弃既定的变法、改革计划，并非简单的情绪变化，在根本上还是基于利益的考量，要么基于维护自身和旧贵族的利益，要么基于为激进的改革所带来的官场人心混乱、涣散的局面补场，以维护相对稳定的政治局面。这样，由于上官大夫的谗言而导致怀王"怒而疏屈平"，当非情绪性的意气之举。楚怀王对屈原由亲而疏的转变，是他倒向旧贵族利益集团的必然选择。

在中国古代的社会里，君臣关系犹如父子。一位满怀政治理想的臣子，若得不到君主的信任和支持，则意味着他的政治生涯将步履艰难。屈原失去怀王的支持后，不但他的新政夭折，而他自己的政治生涯也走到了尽头，旋即直线下降，直到谷底。

环顾中国历史，便会发现一个带有普遍性的苦涩命题，即改革总是苦的。改革所引起的利益调整会给身处其中的人们带来深深的阵痛，并由此反弹出人与人之间、集团与集团之间的利益厮杀。对于一位怀揣政治理想的改革者而言，他若不擅长于在官场搞权力和利益博弈，尤其是没有培育起一个坚定地支持自身改革的政治与利益集团，那么这样的改革多半会以悲剧结局而谢幕历史。屈原就是如此，他文华四射，才情孤高，与官场格格不入，也没有成功地培育起一个支持改革的后续力量（应该说屈原做过这方面的工作，但他亲手培育起来的人后来都变质了），他所拥有的就是满腔的政治热情。因此，当原本支持他改革的楚怀王也倒戈后，他必然会处于孤立无援的境地。战国时代，屈原如此，吴起和商鞅亦如此。

吴起是与屈原相距三朝的楚悼王时期的改革家。楚悼王十九年（前393），悼王任用吴起实行变法，但是没有成功，被旧贵族势力扼杀了。楚悼王死后，失去权力支持的吴起立遭宗室大臣群起攻击而被射杀并车裂其尸。吴起变法二十多年后，秦孝公任用商鞅在秦国变法。商鞅变法是战国时代各国变法中最为彻底、力度最大的改革。它得到了秦孝公这样一位全力倾心于改革的君主支持，其改革的彻底性、深刻性、震撼性，远远超过了吴起、屈原等人。但是，商鞅种种激进的变法措施，加之商鞅本人在改革取得节节胜利的情形下忘乎所以，不擅长于以柔克刚的权力博弈而是采取了企图彻底置旧贵族于死地的激进姿态与手段，这自然要遭到旧贵族同样激烈的反对。秦孝公死后，商鞅便惨遭车裂而死的下场。

历史上的改革为何大多以悲剧告终，这是历史的必然要求与这个要求暂时不能实现的矛盾。屈原等人的改革，作为代表历史发展过程中“新生力量”的正义与必然要求，正处在这种要求暂时不能实现的历史关口。就楚国而言，代表“垂死势力”的旧贵族的力量依然很强大，要使这个国家从奴隶所有制完成向封建地主制的根本转变显然有很长的路要走。吴起、屈原等人的改革，就如同要使“非临产的产妇分娩”，要强力对她进行“催产”，可以想象，这个“婴儿”的降生定是凶多吉少。当改革的时机、条件还未完全成熟便强力推行改革时，这种改革的步履维艰是可以想象的。这就是历史上的改革何以大多以轰轰烈烈、激进主义的喜剧面目出现而以凄凄惨惨的悲剧收场的根本原因。

疏远、放逐与自沉

屈原与楚国旧贵族之间的激烈斗争，给他造成的后果就是他自身的仕途日渐黯淡，逐渐被疏远、排挤出楚国的政治权力中心。

失去信任后的屈原被免去左徒的职位，降格为三闾大夫。这是个什么性质的职位呢？据王逸在《楚辞章句·离骚序》中说：屈原与楚同姓，仕于怀王，为三闾大夫。三闾之职掌王族三姓，曰昭、屈、景。屈原序其谱属，率其贤良，以厉国士。

由此可见，这应该是一个负责王室贵族子弟教育的职务。从这一职务的性质看，这显然是一个事务性的职位。与左徒这一决策性的职位相比，任命屈原担任三闾大夫这一没有多少实权的闲职，无疑带有政治的惩罚性质。它使屈原只能空怀政治理想，而再无力以自己的政治理念、韬略来影响楚国的政局了。对屈原这样一位怀有强烈的报国志向和政治理想的人来说，这种人事调整不仅仅意味着昔日的显赫与荣耀都将散去，更是精神上的凌辱与折磨。这一点，可以从屈原辞赋中所抒发的那种报国无门的精神苦闷中可见一斑。

屈原逐渐被排挤出楚国的政治舞台，不仅因为他在内政改革问题上得罪了以旧贵族为代表的保守势力，还缘于在外交路线上他与怀王和旧贵族的分歧，且这一分歧被秦国所利用。

合纵抗秦是屈原坚定的外交、军事策略。这一策略也曾一度得到了怀王的支持。并且，楚国和齐国结成了联盟。楚怀王十一年（前318），怀王还被推举为纵约长，率领燕、齐、魏、赵、韩、楚组成的六国军队攻打秦国。

面对六国联盟特别是楚、齐两大国结盟所形成的咄咄逼人的攻势，秦国自然感到了威胁。如何破坏齐楚联盟便成了秦国的当务之急。于是，秦国的阴谋上演了。楚怀王十六年（前313），秦国派重臣张仪出使楚国，并欺骗怀王说："楚国如果能和齐国绝交，秦国愿意献出商于一带（今陕西商县至河南内乡县）六百多里地。"在这种利诱之下，利令智昏的怀王果然与齐国绝交。

当张仪的阴谋得逞后，楚国群臣交相庆贺，而有个叫陈轸的人独自神伤。他对怀王说："秦国之所以重视您，是算计楚国与齐国的同盟关系。现在您尚未得到秦国许诺的地盘而先与齐国绝交，这是在孤立楚国。"陈轸看出了张仪以地相诱是个并不高明的骗局，而楚齐断交更是楚国外交的大失误。

秦国为了从楚国内部瓦解齐、楚的"纵亲"关系，除了以利诱骗楚王外，还要除掉以屈原为代表的合纵抗秦派。据《新序·节士》篇记载，张仪使楚时，还用重金贿赂旧贵族的权臣，如上官大夫靳尚、令尹子兰、楚后郑袖，勾结楚国内部的这些内奸，共同谗害屈原。屈原由此受到内外夹击。

齐国被楚国主动断绝了“纵亲”关系后，自然十分不满，便与秦国联合起来。此时，张仪出面对楚将军说：“您为什么不接受土地呢？从某地至某地，长宽六里。”原本许诺的六百里竟然变成了六里，受到愚弄后的楚怀王大怒。

楚怀王十七年（前312），楚国先后两次兴师伐秦，却因失去了合作伙伴齐国的接应，两次都惨败于强秦，使楚国丧师失地、损兵折将。

楚怀王十八年（前311），经过战争的惨败，楚怀王稍有醒悟，“悔不用屈原之策”。于是，屈原复出，受命出使齐国，重修齐、楚联盟关系。

同年，秦国由于害怕齐、楚复交，提出愿意退还汉中之地一半向楚求和。此时，对张仪余恨在心的怀王愤怒地说：“愿得张仪，不愿得地。”然而，张仪使楚后，贿赂了靳尚、郑袖等贵族。他们在楚怀王面前一番花言巧语后，原本想杀张仪解恨的楚怀王不但没有杀张仪，竟与秦王结成婚姻关系。

楚怀王十九年（前310），屈原出使齐国回来后，进谏怀王说：“为何不杀掉张仪？”楚怀王虽然后悔莫及，但张仪早已经逃之夭夭了。

在此后几年的时间里，楚怀王在外交上忽横忽纵，摇摆不定，只图一时苟安。直到楚怀王二十五年（前304），楚、秦黄棘（今河南新野）结盟，这意味着楚国完全背弃与齐国的“纵亲”关系而投入到秦国的怀抱了。是年，屈原三十六岁，遭遇了他政治生涯中的第一次流放。

屈原虽被放逐，但他没有放弃自己的政治理想，仍然眷顾国家，心系怀王。在行将远离郢都的时候，他忧愁满腹而作《离骚》。在这篇政治抒情诗中，屈原抒发了自己遭谗被害的苦闷，斥责了楚王昏聩、群小猖獗与朝政日非，表达了自己坚持、追求政治理想，不与旧势力同流合污的斗争精神和至死不渝的爱国热情。

绌居汉北期间，屈原仍然魂牵梦绕着郢都，请看《九章·抽思》：

望孟夏之短夜兮，何晦明之若岁！
惟郢路之辽远兮，魂一夕而九逝。
曾不知路之曲直兮，南指月与列星。
愿径逝而未得兮，魂识路之营营。

诗人眼望着如此短促的孟夏之夜，但在他的感受中却一夜长似一年。他朝思暮想阔别的故都，以致神情恍惚，化作梦境。现实中的归郢之路是如此辽远，诗人感觉自己的灵魂一次次驰往故都；他的灵魂曾不识路的曲直，便借助星月的指引来识别路的方向；他意欲走捷径归郢而未得，灵魂便急遽慌促地往来觅路。这种归郢之心是何等强烈、深挚啊！

绌居汉北五六年后，到楚怀王三十年（前299），四十一岁的屈原从汉北回到了郢都。这一年，楚国发生了一件重大的事情。是年，秦军伐楚，取楚八城。趁此形势，秦昭王照会怀王在武关（今陕西丹凤县东）相会。在这件攸关怀王生死的大事上，屈原力劝楚怀王不要赴会，怀王不从。对这件事，《史记·屈原贾生列传》有载：时秦昭王与楚婚，欲与怀王会。怀王欲行，屈平曰："秦，虎狼之国，不可信，不如毋行。"怀王稚子子兰劝王行："奈何绝秦欢！"怀王卒行。入武关，秦伏兵绝其后，因留怀王，以求割地。怀王怒，不听。亡走赵，赵不内。复之秦，竟死于秦而归葬。

结果，怀王一入武关，便被当作藩臣囚禁起来。同年，楚怀王长子即位，即顷襄王。而楚怀王在秦被折腾四年后，于顷襄王三年，最终忍辱含悲，客死他乡。

楚怀王被骗入秦的耻辱，楚人将其归咎于怂恿怀王赴会的令尹子兰。对这件事，《史记·屈原贾生列传》有载：长子顷襄王立，以其弟子兰为令尹。楚人既咎子兰以劝怀王入秦而不反也。屈平既嫉之……令尹子兰闻之大怒，卒使上官大夫短屈原于顷襄王，顷襄王怒而迁之。

屈原和楚人一样，怨恨力劝怀王入秦的子兰，以所谓“忠者不忠，贤者不贤”讥讽、痛骂子兰等人。于是，不甘处于政治下风的子兰，指使上官大夫向顷襄王进谗。顷襄王大怒，屈原被迫再次离开郢都。这一年是顷襄王二年（前 297），屈原四十三岁。再一次被流放的屈原被彻底地削官为民，一去不返，经历了长达十八年多的流亡生涯。

按《哀郢》提供的路线来看，这次流放，屈原从郢都出发，沿长江、夏水向东南方向流亡，途经洞庭、夏浦，最后到了陵阳。

在放逐鄂渚、客居陵阳约九年多之后，即在顷襄王十一年（前 288），屈原又启程了。按《涉江》提供的路线看，他折回西南方向，经过鄂渚，穿越洞庭，入沅湘，至于辰阳、溆浦。

流亡至溆浦的屈原，感到自己似乎到了一个山穷水尽的地方。他本人的心境在《涉江》中有所流露：

入溆浦余儃佪兮，迷不知吾所如。深林杳以冥冥兮，猨狖之所居。山峻高以蔽日兮，下幽晦以多雨。霰雪纷其无垠兮，云霏霏而承宇。哀吾生之无乐兮，幽独处乎山中。吾不能变心而从俗兮，固将愁苦而终穷！

溆浦当时可能仍属于人迹罕至的蛮荒之地。深林幽谷、猿猴啾啾、山高蔽日、幽晦多雨、霰雪霏霏、云气苍苍，似乎是一个与世隔绝的地方。此时的屈原虽然心情略有些凄楚，但仍然还很坚强，一如既往地表达宁穷也不变心从俗的决心。

在绌居沅湘约九年的时间里，屈原漫游各地，受沅湘流域美丽的神话传说、有声有色的宗教仪式、丰富多彩的民间风俗的启发，创作了《九歌》《天问》等杰作。

顷襄王二十一年（前 278），秦将白起攻破楚国的都城郢都。这意味着这个被软弱君王、腐朽势力把持的国家气数已尽。攻陷楚国郢都的秦将白起曾这样描述当时楚国的形势："是时楚王恃其国大，不恤其政，而群臣相妒以功，谄谀用事，良臣斥疏，百姓离心，城池不修，既无良臣，又无守备。"这样腐败的国家要想抵御秦军铁骑的锋锐，怎么说怕也只是一厢情愿的事情。

闻讯后的屈原遂离开溆浦匆匆往东北赶，行至今长沙东北的汨罗江畔时，已是颜色憔悴、形容枯槁。面对着破碎、沦亡的国家，屈原悲痛难挨，长歌当哭，回天徒叹无力。他决心用他的生命来祭奠自己的故国了。传说在五月初五这一天，他抱石投入了滚滚的汨罗江。

汨罗江的自沉，屈原以烈士之勇和生命自决上演了一出惊天动地的政治悲剧。这既是屈原以生命祭祀行将就木的故国，也是向自己所追求的政治理想所作的最后告别。屈原决绝的自杀，既使我们感受到他深深的爱国恋土之情，同时更能体味到一个崇高的灵魂在追求理想过程中始终抗争而终感绝望、幻灭的悲怆。

屈原虽然走了，但他为中华民族留下了厚重的精神财富。他的爱国精神、求索精神、理想主义气质、独立人格以及所创作的伟大诗篇，丰富、改造、拓展了中华民族的精神心理结构。郭沫若说："楚人是把在政治上统一中国的功名和产生了一位屈原的功名对换了……由楚所产生出的屈原，由屈原所产生出的《楚辞》，无形之中在精神上是把中国统一着的。中国人如果不灭种，中国文如果不消灭，《楚辞》没有毁灭的一天。楚人的功劳是不朽的，屈原是会永远存在的。"这番话正道出了屈原及其作品与中华民族的关系。时至今日，每年的五月初五，整个民族把"仲夏端午，烹鹜角黍"和"龙舟竞渡"这么一个节日奉献给这位伟大的政治家、诗人、哲学家，正是对他为中华民族精神气质的卓越贡献的实至名归的感激与纪念。

第 2 章

瑰丽超逸的艺境

在中国古代美学里，政治与文学之间常常存在着一种不平衡发展的关系。就拿吏文合一的中国古代士大夫来说，当他仕途得意、平步青云之时，往往无暇于文学，而一旦仕途跌宕、失势落魄之际，却于文学的园圃里爆发出难得的创作激情。政治上的失意，为文学上的成功所对换，真可谓失之东隅，收之桑榆。这些失意的士大夫在现实政治的失败中体会到官场的诡谲和命运的残酷，从而被压抑于心的内在情感在失败中被激发出来，由此导致创作的亢奋与富有。屈原就是如此。当他逐渐被疏远、排挤出楚国的政治舞台和权力中心时，这种政治上的失落、苦闷驱使他在诗歌的王国里抒发情怀，寻找自己的精神家园。在漫长、艰苦的流放生涯和寄身蛮荒的岁月里，屈原一路走，一路思，创作了他一生之中的绝大部分作品。这些“卓绝一世”的“逸响伟辞”有（包括学界存疑是否为屈原的作品在内）:《九歌》十一篇，《九章》九篇，《离骚》《天问》《渔父》《招魂》《卜居》《远游》《大招》各一篇。

屈原的作品大致可以分为三类：一类是以《离骚》为代表的政治抒情诗，它抒发的是一个拥有民本和清正政治理想的失意士大夫的哀怨呼号，这类作品撼人的美学价值不是当时政治的是非，而是一种不灭的理想、不屈的情志所具有的独特情感魅力；二类是《九歌》十一篇，这是屈原作品中最纯粹、最精美的抒情诗，是屈原诗学的精神绿洲，其美学价值在于它开启了民间文化进入文人传统的诗化形态；三类是《天问》一篇，独立地成为一道风景，这篇作品在屈原诗学和整个中国古代诗歌史上都是独特、怪异且令人震惊的。全诗一千五百多字，三百七十多句，诘问一百七十多个。这种疑问的精神与勇气，使得一个哲学家的理性与睿智跃然纸上，它是人类理性精神觉醒的象征和集中体现。

对中国历史而言，少一个作为政治家角色的屈原可能无足轻重，但是少了一个作为诗人哲学家角色的屈原却会使中国古代美学、文学逊色不少。有了屈原，在中国的文学地图上，就有了撒播在荆楚大地江湖丘陵间的骚情赋骨、丰沛激情、神话想象和绮丽的梦。有了屈原，就为中国古典美学和艺术辟出了瑰丽超逸的艺境而自成风流。

浪漫主义

若要用一个词来概括屈赋的整体美学风格，那么“浪漫主义”一语足以当之。“浪漫主义”这一术语来源于西方，在一般的用法上，既指产生于 18 世纪末到 19 世纪初欧洲文学中的一种文艺思潮，同时又是指一种创作方法，二者共同形成了一种有别于当时几乎同时或相继出现的现实主义、自然主义以及17世纪的古典主义的美学思潮。在西方美学史上，作为特定历史时期一种美学思潮的浪漫主义，大致说来具有如下美学原则与追求。

首先，具有理想主义的精神气质。理想和现实的矛盾是浪漫主义美学的内核。浪漫主义者大都是理想主义者，他们不解现实风情而唯理想是从。在理想与现实的矛盾和冲突中，理想始终是主宰者。当理想被充斥于现实中的罪恶碾碎，于是，哀悼理想的幻灭，同时又不放弃对理想的追求与信仰，成为浪漫主义美学的重要特点。在理想主义的主宰之下，对现实的激烈否定是浪漫主义者的又一特征，一切与理想不相吻合的事物都被划入丑恶的行列，并由此导致在他们的创作中呈现出“美丑对照”的美学原则。法国大文豪雨果在其《克伦威尔序言》这一被称为浪漫主义宣言的文中有一段名言：“近代的诗艺，会感觉到万物中的一切并非都是合乎人情的美，感觉到丑就在美的旁边，畸形靠近着优美，粗俗藏在崇高的背后，恶与善并存，黑暗与光明相共。”这一理论观点是对以前的古典主义文艺只注重美、描写崇高的一种反动，是一种要求全面、真实地反映现实生活的审美观念。在理想主义之光的烛照下，张扬美善而鞭挞丑恶，对现实生活中为黑夜所掩盖的丑恶现象予以展示、批判，成为浪漫主义文艺创作中的一道重要风景。

其次，率性任情。浪漫主义美学家认为艺术是情感自然流露的产物，这与古典主义将艺术视为理性活动的产物截然不同。在浪漫主义者看来，人内在的情感世界有着比外在的理性世界更高、更复杂的东西，而文艺创作的丰富性并不能归缩成古典主义所理解的那些抽象理性的“诗艺”法则。英国浪漫主义诗人华兹华斯在其《抒情歌谣集》的序文中再三表述了他的观点：优秀诗歌是“强烈情感的自然流露”，诗歌的根本要素是诗人自己的情感。德国浪漫主义美学家瓦肯罗德写道：“可以把艺术称作为人的情感之花……美是多么奇妙而神秘的字眼！请首先为每种特殊的艺术情感、为每种个别的艺术作品寻找新的词语！每个词语都有自身的色彩，都触动人的特殊神经。但是，你们冷漠的理性却以美的名义建立了严格的体系，迫使所有人按照你们的法令和规则去感受。相信某种体系的人就把自己普遍的爱逐出了心灵。”这段话可以说是浪漫派崇拜情感、反对理性的宣言。率性任情、反对理性规则的桎梏和一切清规戒律是浪漫主义作家共同的创作立场。

最后，推崇想象。虽然所有的文艺创作都包含有丰富的想象，无一不是想象的结晶，但是只有到了18世纪末，欧洲浪漫主义文艺思潮蓬勃兴起时，才将想象在文艺创作中的巨大作用和魅力提高到空前的高度。德国浪漫主义作家施莱格尔在其《文学批判》一书中说：“浪漫的就是以想象的方式描写情感。”赫福德说：“浪漫主义就是想象力的巨大拓展。”均把想象力视为浪漫主义美学的核心要素。浪漫主义美学家认为，想象力是一种对创作对象进行赋形、改造的心灵加工能力，只有借助想象才能展示出客观对象和情感世界的真实性与丰富性。莎士比亚说：“诗人的眼睛在神奇、狂放的一转中，便能从天上看到地下，从地上看到天上。想象会把不知名的事物用一种方式呈现出来，诗人的笔再使它们具有如实的形象，空虚的无物也会有了居处和名字。”在莎翁眼里，想象在文艺创作中具有化虚无为实在，将抽象变为具象的功能，从而在作品中给读者留下可以充分扩展的品味空间，让读者能超越事物表象而体悟到生活深处的真、善和美。在浪漫主义作家的文艺作品中，那些平淡的生活素材经过他们的感受、沉思和想象确实有新的意义生成于其中。浪漫主义美学强调想象在文艺创作中的重要作用，是对古典主义主张刻板的模仿这一创作规范的有力冲击，成为浪漫主义有别于古典主义的区别性特征之一。

总之，欧洲浪漫主义正是以其理想主义的精神气质，推崇浓郁的情感和飘逸的想象而自成风流，并以此标榜于西方美学史。

尽管浪漫主义美学为欧洲特定历史时期的一股美学思潮，具有鲜明的地域性和时代性，但应该辨明的是，浪漫主义美学的精神却不为一文化、一民族、一时代所独有。梁实秋所谓："自古以来就有浪漫的成分。所以浪漫主义不是某一时代所特有。"就是这个意思。虽然不能说屈原就是浪漫主义者，但屈赋确实饱含着浪漫主义美学的气质与精神。

屈原是一个理想主义者，作为一个具有浓郁书生气质的士大夫，他不谙官场世故，不解现实政治风情，却意图赢得理想政治的青睐。屈原从他自身的"美政"理想出发来引导自己的政治行为和革新楚国的政治，却受到楚国旧贵族集团的坚决阻挠，并最终使他的政治理想趋于破产。这对屈原这样一位唯理想是从，勃发着难以抑制的政治人生激情的士大夫来说，是难以接受的。现实政治的贫困与始终不放弃对理想政治的执着，这种现实与理想的矛盾正是屈原借辞赋抒发自己的政治激情与人生情怀的内驱力。屈原的辞赋创作是以对自身失意政治命运的情感沉醉为基础的。

《离骚》正是屈原作为一位失意的理想主义者的浪漫诗作之杰出代表，它熔铸了浪漫主义美学的精神元素。李泽厚先生说："《离骚》把最为生动惊艳、只有在原始神话中才能出现的那种无羁而多义的浪漫想象，与最为炽热深沉、只有在理性觉醒时刻才能有的个体人格和情操，最圆满地融化成有机整体。"在《离骚》这首诗中，屈原通过绮丽绚烂的文采和瑰丽的想象将他见疏被逐的苦闷、倾心的政治宏图、贞廉的人格理想和爱国爱民的乡土情怀，以及对群小和楚王丑恶、昏聩的忧愤，倾诉、抒发了出来，使我们体会到一个理想主义者的亢奋与怨艾的交叠之情。然而，这样一位执着、忧伤、愤世嫉俗、不容于时的真理的追求者，同时拥有瑰丽、超凡的想象：美人香草、百亩芝兰、芰荷芙蓉、芳泽衣裳、巫咸夕降、神祇往来、天国神游……这些鲜艳的景观和大胆的幻想尽收于笔端。《离骚》把缤纷的情感和丰赡的想象融合为一，开创了中国抒情诗的光辉起点，成为难以企及的典范之作。

不啻《离骚》，以《离骚》为代表的楚辞都饱含浓郁的浪漫主义美学的色彩。楚辞是战国后期以屈原为代表的楚国诗人所创作的一种新诗体。它吸收了楚地民歌的精华，融合上古神话传说，"书楚语，作楚声，纪楚地，名楚物"，具有非常鲜明的地域文化色彩。楚辞把楚人好遑神思以驰玄想的感性精神气质、丰富多彩的民风民俗、有声有色的巫术仪式、多情的民歌和美丽的神话发挥得淋漓尽致，从而使楚辞的创作减少了理性、刻板的艺术律令而增添了感性、灵动的色彩。

地域文化对文学创作的影响是非常深刻的。清末民初的刘师培在《南北文学不同论》一文中曾说："大抵北方之地，土厚水浅，民生其间，多尚实际。南方之地，水势浩洋，民生其际，多尚虚无。"

"南北之分"一方面是一种地理环境的分别。黄河流域土厚且干旱少雨，生活其间的人们要付出更多辛劳才能得以维持生计，所以养成了崇尚实际的观念。此外，凄厉的寒风、如血的残阳、一望无际的黄土与大漠，都会使人的心情沉重乃至压抑。而长江流域却是雨水丰沛、物产丰饶。生活其中的人们，相对而言不必为求生而过度地忧心忡忡，人的精神可以从生存的重压下解放出来，所以养成了崇尚虚无的观念。此外，长江大河的奔放气势、峻岭巨川的旖旎多姿、水乡泽国的烟波浩渺、密林幽谷的明暗生辉都极容易引起人无拘无束的遐思和想象。可见，地理环境的差异对人们的思维和精神气质具有深刻影响。

另一方面，"南北之分"还是文化环境之异。中华民族地域辽阔，地域文化具有各自的特征，且处于一种不平衡发展的状态中。北方文化的象征是钟鼎，质朴厚重，秩序井然。南方文化的象征是山林，空灵飘逸，五彩缤纷。尤其是，当北方文化以理性精神扫荡神话传说、宗教巫术时，南方楚地仍然巫风弥漫。王逸说："昔楚国南郢之邑，沅湘之间，其俗信鬼而好祠。其祠必作歌乐鼓舞以乐诸神。"神秘诡异的巫术仪式充满着炽热、迷狂的情感。总之，与北方文化的理性、节制、沉重相比，南方文化感性、自由、空灵。受这种文化的影响，无论是哲学思想还是艺术创造都表现出汪洋恣肆、不受控制的特征。以屈原为代表的楚辞艺术便诞生在这样的文化土壤中。

这种文化土壤不仅培育了以楚辞为代表的诗歌，还沾溉了以《庄子》为代表的哲学思想和散文创作，二者都具有浪漫主义色彩。《庄子》一书基本上是由战国后期的庄子所作。与屈原一样，庄子也是楚国人，同属荆楚文化体系。庄子，其人、其思、其文都具有浪漫主义精神。庄子为人，追求个性与精神自由，傲睨万物，不谴是非，独与天地精神相往来。《庄子》其思，杳冥深远，其文“汪洋辟阖，仪态万方”。庄子哲学虽然博大精深，但它并不是抽象的哲理。庄子擅长于将深奥的哲理寓于形象的言说之中。于是，神话传说、人神鬼兽、日月星辰、蝼蚁鹏凤、山川树木、鸟语涛声、稗米尘埃，莫不为庄子所调遣，运用来表达其深邃的哲思，给人以强烈的艺术震撼力。《庄子》其文，与《论语》这类语录体散文以娓娓道来的倾谈来说理劝诫的创作方式是不大一样的，它充满着天马行空的想象。在中国古代散文史上，可以说庄子是将浪漫无羁的想象这一浪漫主义美学的精神元素引入散文创作园地的第一人。楚辞和《庄子》共同散发着浪漫主义色彩，这说明南方荆楚地域文化对浪漫主义文学精神的形成是具有普遍性意义的。

以屈原为代表的楚文学的浪漫主义气质，不仅受南方文化的影响，而且还是战国时代南北文化碰撞、交融的产物。高尔基说：“浪漫主义乃是一种情绪，它真实复杂地而且始终多少模糊地反映出笼罩着过渡时代的一切。”就屈原所生活的战国后期而言，这个“过渡时代”的基本特征之一便是南北文化的交流与融合成为时代的主题。这种文化融合是造就屈原这位时代巨子的又一宏观文化背景。

王国维在《屈子文学之精神》一文中曾说道：“北方人之

感情，诗歌的也，以不得想象之助，故其所作遂止于小篇。南方人之想象，亦诗歌的也，以无深邃之感情之后援，故其想象亦散漫而无所丽，是以无纯粹之诗歌。而大诗歌之出，必须俟北方人之感情，与南方人之想象合而为一，即必通南北之驿骑而后可，斯即屈子其人也。”这番话对屈原文学精神的理解是非常精辟的。在王国维看来，伟大诗歌必须同时具有两种原质：一感情，一想象；北方人有感情而无想象之助，南方人有想象而无深邃感情作为后援，都不足以产生伟大的诗歌；而北方之感情与南方之想象的互补、融合，只有借助南北文化交流的大势才能促成；屈原正是南北文化交融过程中所产生的巨人。屈原创造性地把北方之情感与南方之想象融合为一，从而为中华诗学精神的博大与辉煌提供了一个与《诗经》同等重要的源头。

屈原虽然出身楚地，浸淫在荆楚文化中，但同时确实接受、认可了北方中原文化的理性精神，并受之哺育。屈原身上那种民本思想、自我意识、人格情操、坚贞而开阔的精神境界确乎很难诞生在荆楚之地重巫信祀这一“人为神的奴仆”的文化氛围中，而只有在理性精神高度自觉的文化环境中才会拥有。屈原认同中原文明在其“重华陈辞”的情结中有充分的表征。

“重华陈辞”是《离骚》中的一个重要情节，它是屈原在楚怀王之世，命运受挫而进行九死不悔的精神求索的重要部分。重华是舜帝的名字。舜帝是中原五帝之一，是中原文明的开拓者和象征。所谓“重华陈辞”是屈原在想象中与舜帝神交，向舜帝这位前代圣王来倾诉自己的政治思考。在向舜帝的诉说中，他首先列举了夏康任情放纵，夏桀违反政治常理，商纣王把贤臣剁成肉酱，这些昏君、暴君难使国运久长的历史教训；同时又列举了大禹、商汤和周朝开国君主这些敬天爱民、修明法度、举贤授能、能够选择政治正道的有为君王的历史经验。杨义先生说，屈原在这些反反正正的历史教训、经验中所升华出来的政治原理与价值判断，与中原儒者是一致的。屈原引舜帝这位中原文明的圣主为政治知音，无疑可以窥见他内心对中原文明的认同，也表明战国后期中华南北文化的融合反映到个体的思想归依上已经完全没有了心理障碍。

文化大碰撞、大交融的时代从来都是孕育新思想、新艺术以及历史巨人的黄金期。“杂交出良种”这一生物界的规律、现象，同样可以用来解释文化生态。屈原及其《楚辞》正是战国后期中华南北文化剧烈杂交而孕育的时代巨子和艺术之花。

在中国古代，有文字记录的诗歌历史大约有四千余年。以“风”为代表的《诗经》和以《离骚》为代表的楚辞，则分别代表着中国古代诗歌的现实主义和浪漫主义两个传统的源头。《诗经》是我国第一部诗歌总集，它收录了西周初年至春秋中叶大约五百余年间的三百零五篇诗歌。《诗经》具有自身鲜明的艺术特色。它的基本句式是四言；常常采用叠章的形式，即重复的几章间，意义和字面都只有少量改变，造成一唱三叹的效果，这实际上是民间歌谣的一种特点，可以借此强化感情的抒发；此外，《诗经》还大量运用了赋、比、兴的表现手法，加强了作品的形象性，获得了良好的艺术效果。但总的来看，《诗经》的艺术性还是稚嫩、简朴的，它的主要贡献在于它奠定了中国文学的现实主义传统的源头。《诗经》全面反映了周代社会生活的各个方面，如劳动与爱情、战争与徭役、压迫与反抗、风俗与婚姻、祭祀与宴会，甚至天文、地理等。可以说，《诗经》是周代社会的一面镜子，它从多方面表现了那个时代丰富多彩的现实生活，反映了各个阶层人们的喜怒哀乐。从这个角度看，《诗经》把现实主义文学创作的再现、实录精神表现得淋漓尽致，以其清醒的现实性，奠定了在中国古代诗歌发展史上的独特地位。

《诗经》是先秦黄河流域周人的生活实录，并且渗透着中原文化的理性精神。他们很少进行浪漫而不切实际的奇思异想。就思想文化领域说，这主要表现为以孔子为代表的儒家学说的实用理性精神。儒家非常忌讳抽象的玄思和想入非非的幻想，而是把理性引导和贯彻到日常世俗生活、政治观念和伦常情感中。《诗经》的现实性正是中原文明这种务实而理性的精神的集中体现。所以，孔子最为欣赏《诗经》在内容上的“无邪”特点，即思想纯正、实诚。总之，由于特殊的社会生存条件和思想文化环境，《诗经》缺乏浪漫的想象和飞扬的个性自由精神。《诗经》这种美学缺陷、遗憾，却恰好由以《离骚》为代表的楚辞来补充和完成了。正是如此，诗骚并称，成为中国古代文学创作互补共存的良性生态。

楚辞在艺术形式上打破了《诗经》四字一句的刻板格式，采取了三言至八言参差不齐的句式。诗句表达形式上的活泼多样，可以容纳而且催生了更精彩细腻的艺术技巧，诸如比喻、象征、托物起兴等表达手法，都得到更大的发展，使《楚辞》更适宜于抒写复杂的社会生活和表达丰富的思想感情。尤其是，《楚辞》突破了《诗经》那种温柔敦厚、节制内敛的诗学精神，更加突出地强调了对审美和艺术具有重要意义的两大因素：情感和想象。这值得我们进一步予以申说。

发愤抒情

在中国古代诗歌史上，关于诗歌艺术的创作动力历来有两种截然对立的理论：言志论与缘情说。按薛富兴先生的说法，言志与缘情的对立，首先是人的精神生命中理智与情感这对矛盾在诗歌艺术中的具体体现；然而，就中国古典诗歌艺术创作的实际来说，它还是宗法制社会生活中群体与个体的矛盾在诗歌艺术中的反映。大致说来，关心一己之外的社会群体、国家民族的兴衰、下层民众的苦乐等，是言志诗的主要内容，而围绕个体感性生命需求得失而起的爱憎悲欢的生命体验、生命意识，是缘情诗的主题。简言之，以群体的生存状态为焦点，还是以个体的生存状态为焦点，是言志与缘情诗歌在内容和主题上的区别和分水岭。

如果说《诗经》是公元前 11 世纪至公元前 6 世纪黄河流域周人的群体生存状态的合唱，那么以屈原为主要诗人的《楚辞》虽然也反映了国家民族、民众的生存主题，但主要是个体的生命、生存体验的独白。

尽管“诗缘情而绮靡”的理论至魏晋时才由陆机正式提出，但缘情诗的创作已经在屈原那里发端，并蔚为大观。他在《惜诵》里明确提出：“惜诵以致愍兮，发愤以抒情。”在《抽思》里说：“道思作颂，聊以自救兮。忧心不遂，斯言谁告兮。”这番夫子自道式的话表明了屈原作诗填赋的动机就是要借诗赋抒发其愤懑之情，以自救于忧心无处诉说的精神重压。赫尔芩说："凡是失去政治自由的人民，文学是唯一的讲坛，可以从这个讲坛上向公众诉说自己的愤怒的呐喊和良心的呼声。"屈原的辞赋正是其遭逢政治厄运后精神苦闷的象征、呐喊与呼声。

司马迁在《史记·屈原贾生列传》中说：

> 屈平疾王听之不聪也，谗谄之蔽明也，邪曲之害公也，方正之不容也，故忧愁幽思而作《离骚》。
>
> 离骚者，犹离忧也。夫天者，人之始也；父母者，人之本也。人穷则反本，故劳苦倦极，未尝不呼天也；疾痛惨怛，未尝不呼父母也。屈平正道直行，竭忠尽智以事其君，谗人间之，可谓穷矣。信而见疑，忠而被谤，能无怨乎？屈平之作《离骚》，盖自怨生也。

王逸在《楚辞章句序》中也说："屈原履忠被谮，忧悲愁思，独依诗人之义，而作《离骚》，上以讽谏，下以自慰。"

无论是司马迁还是王逸都把屈原写作《离骚》归结为其"忧愁幽思"和"盖自怨生"。这种幽怨直接缘起于屈原的责任意识和忧患意识，他扼腕叹息楚王"听之不聪"，偏信谗言，痛心疾首"谗谄之蔽明""邪曲之害公""方正之不容"这种污浊的政治环境。屈原的愤懑更来自于他所受到的不公正待遇，即"信而见疑，忠而被谤"这种政治人生的荒谬。屈原一生怀抱"美政"的理想，兢兢业业，忠心耿耿，虽九死而不悔，但得到的却是君王疏离，党人迫害。这种怀才而不遇的境遇，对屈原这样一位唯理想是从的人来说，不仅仅意味着眼前的政治得失，而是一种难以解开的心理情结：即对“信而见疑，忠而被谤”这种自身命运的不解。屈原的发愤，可以说都直接来自于由他的政治理想破灭所产生的愤激、沉痛与惶惑。这种情绪的发泄，就如同为人子者，疾病缠身、疼痛难挨时，难免会呼唤自己父母一样自然而然。

所谓“离骚者，犹离忧也”。离，是遭遇；忧，是忧愁。离骚，就是遭遇忧愁的意思，即牢骚愤懑、抑郁懊丧的情态。在《离骚》这一长诗中，我们确实可以感受到诗人惶惑、幽怨的难抑之情：

惟草木之零落兮，恐美人之迟暮。
岂余身之惮殃兮？恐皇舆之败绩。
余既不难夫离别兮，伤灵修之数化。
虽萎绝其亦何伤兮，哀众芳之芜秽。
老冉冉其将至兮，恐修名之不立。
长太息以掩涕兮，哀民生之多艰。
怨灵修之浩荡兮，终不察夫民心。
曾歔欷余郁邑兮，哀朕时之不当。
揽茹蕙以掩涕兮，霑余襟之浪浪。
忽反顾以流涕兮，哀高丘之无女。

这些都是《离骚》中的句子，充斥着“恐”“伤”“哀”“涕”“怨”等词，悲痛之情，如泣如诉。它让我们看到一个泪流满面、掩面痛哭、以泪作诗的诗人形象。他伤楚王，骂群小，怨社会之不公正，哀民生之多艰。《离骚》一诗如长歌当哭。在这首诗中，屈原很执着地向我们诉说了他受到的委屈：他出身高贵，又好修为常，却偏偏命运不济，楚王疏远他，令尹子兰与靳尚谗毁他，众芳妒忌他……不单是《离骚》，屈赋之作多是宣泄诗人这一久郁于心而无处诉说的大感慨、大愤懑、大牢骚。屈原似乎没有那种“人间正道是沧桑”的心理准备，因而一旦厄运袭来，遭遇不公，也就没有心理承受上的缓冲空间，愤懑之情几近一喷而发。

屈原这种翻来覆去、喋喋不休的苦闷诉说，很是让人猜想他身上存有那种女人态特浓的弃妇心理。在《离骚》中，诗人把自己的见疏被逐，归罪于“群小”对自己光彩的遮蔽和清白的污染。所谓“世溷浊而嫉贤兮，好蔽美而称恶”，所说大概就是诗人这种心态。这“群小”如同一个世俗婚姻中的“第三者”，插足在自己与君王之间，导致自己的被遗弃。因此，后世的人们也常有把中国文化传统中那种失意官僚普遍存在的弃妇心态追溯到屈原的。

然而，屈原之为屈原，毕竟在于他的发愤不是匹妇骂街式的情绪宣泄。屈原的嗟叹并非完全沉浸在怀才不遇的自怨自艾中，而是饱含有深广的情感与精神内涵。

长太息以掩涕兮，哀民生之多艰。

皇天之不纯命兮，何百姓之震愆？

民离散而相失兮，方仲春而东迁。

怨灵修之浩荡兮，终不察夫民心。

这是屈原同情和关心百姓的深情流露。他目睹了昏君政治和战乱致使百姓妻离子散、流离失所的苦难。黎民沦为乱民，哀号忍死、漂泊辗转。他为楚国人民的命运而忧虑，其思想中灌注着深深的人民性。

日月忽其不淹兮，春与秋其代序。

忳郁邑余侘傺兮，吾独穷困乎此时也。

哀吾生之无乐兮，幽独处乎山中。

老冉冉其将至兮，恐修名之不立。

惟天地之无穷兮，哀人生之长勤。

这是屈原对个体生存价值的关注。他为时光流逝、生命短暂而哀伤，为自己的生命来日不多而修名未立、蹉跎岁月而神伤，联想到天地的无穷无尽而哀叹人生的坎坷艰辛。这些都是一种具有普遍意义的人生意识。每一个想严肃、认真地对待自己生存价值的人都会有这种人生感受。哪一个人只要不想行尸走肉地度过此生，都会有人生苦短而壮志未酬的嗟叹。

陟升皇之赫戏兮，忽临睨夫旧乡。

仆夫悲余马怀兮，蜷局顾而不行。

鸟飞反故乡兮，狐死必首丘。

这些诗句把诗人心系故国的爱国恋土之情展示得酣畅淋漓。身处政治逆境的屈原尽管也有远走他乡、另择新主的想法，但是当他真正离开楚国时，“忽临睨夫旧乡”，心中又有几分对旧国故都的不忍，以至于“仆夫悲余马怀兮，蜷局顾而不行”，最终选择了以死报国，显示出坚如磐石的爱国之情。为了楚国，屈原不仅贡献出了自己全部的才智和心血，而且还能够经受得住利害得失的考验，没有趋利避害而改变对故国的忠心。列宁说：“爱国主义就是千百年来巩固起来的对自己祖国的一种最深厚的感情。”一个人生活在一个特定国度的土地上，接受着历史文化传统的熏陶和物产的哺育，对这个国家总会有很深的爱恋之情，所以爱国的感情从来就有最广泛的群众基础。屈原那种至死犹不忘返本归宗、以身殉国的壮举确实把爱国主义这种素朴的情感提高到了一个难以复加的高度，产生出震撼古今的精神能量，也让屈原在人民中拥有了极好的人缘。宋代大诗人苏轼说：“楚人悲屈原，千载意未歇。精魂飘何在，父老空哽咽。至今沧江上，投饭救饥渴。遗风成竞渡，哀叫楚山裂。”可见千载以来的楚人对屈原的敬爱仍是那么强烈。时至今日，屈原的爱国主义情操仍然是维系炎黄子孙和激励中国人民前进的强大精神纽带与动力。

> 蝉翼为重，千钧为轻；黄钟毁弃，瓦釜雷鸣；谗人高张，贤士无名。

> 变白以为黑兮，倒上以为下。凤凰在笯兮，鸡鹜翔舞。同糅玉石兮，一概而相量。

这是屈原对生存荒谬的追问。谗人弄姿作态而贤士默默无闻，这种是非颠倒、黑白混淆的生存现实到底是怎么回事呢？诗人在这里用了“黄钟毁弃，瓦釜雷鸣”等好些比喻来反复诉说他心中的纳闷。前面讲到，屈原对他自身“信而见疑，忠而被谤”政治命运的不解，是始终萦绕在他心里的一个情结。在正义与邪恶的较量中，为何邪恶常常甚嚣尘上而正义却威风扫地呢？善良的人们总是相信“正义必将战胜邪恶”的教条，并在这种美好的期许中求得心理的慰藉，但显然这种乐观主义态度并未能安慰屈原之心。在这种生存荒谬感的自我追逼之下，屈原自杀了。然而，自杀其实并不是解答而只是以极端的方式在反抗“变白以为黑兮，倒上以为下”这种社会现实生存的荒谬。屈原的自杀，以鲜血淋漓的方式直面生存的荒谬，把它提升为一个深刻的社会主题。

相形之下《诗经》的世俗精神是很强的，然而也因其过于实际的现实关怀，而影响到其精神的高度。《诗经》虽然反映了现实生存的矛盾和冲突，但未发掘出现实生存的荒谬感。屈原以死亡抗衡荒谬，一方面催逼人们不得不重新思量芸芸众生所信奉的“正义必将战胜邪恶”那种历史乐观主义的可靠性，另一方面反映出屈原那种孤傲的个性和冷静如冰的理性精神。所以，诗人总是显得异常孤独：

鸷鸟之不群兮，自前世而固然。

世溷浊而莫余知兮，吾方高驰而不顾。

吾不能变心而从俗兮，固将愁苦而终穷。

涕泣交而凄凄兮，思不眠以至曙。

终长夜之曼曼兮，掩此哀而不去。

谁可与玩斯遗芳兮？晨向风而舒情。

这是何等的孤苦之情。诗人涕泣交加，彻夜难眠。他在茫茫人海中竟然难寻一同道人赏草玩芳，只好独立晨风，向清风舒展情怀。这是一种知音难觅、孤单无依的悲苦感受。一个人如同置身于茫茫旷野，孑然一身而形影相吊，扪天叩地，寂无回音。千年以后，幽州台上的陈子昂亦有此深深的喟叹：“前不见古人，后不见来者。念天地之悠悠，独怆然而涕下。”屈、陈二人虽遥隔时空，但心境神似。人是社会性的存在，总是希望能够得到别人的关注与承认，因而脱离群体的个体难免会处于孤独之中。尤其是那些伟人，其观念、品性和追求与众不同，因着这种不同，他与社会大众之间的心灵壁垒就无法完全相通，一种自绝和他绝于众人之外的孤独感受便会油然滋生。

或许每一个人都是孤独的个体，然而伟人的过人之处在于他们不以消极的方式来逃避、驱散这种感受，相反在享受孤独的情感中给了自己一个反观自我存在价值和人生意义的机会。

亦余心之所善兮，虽九死其犹未悔。

虽体解吾犹未变兮，岂余心之可惩！

虽不周于今之人兮，愿依彭咸之遗则。

宁溘死以流亡兮，余不忍为此态也！

路曼曼其修远兮，吾将上下而求索。

诗人清醒地认识到了自身的孤独感受来自于与官场常规、世俗价值的格格不入。然而，他并未因此而选择“不谴是非，与世俗相处”这种随波逐流、与世俗同欢共乐的方式来化解心中的孤苦感受，相反却坚定了自身虽死也不能变心从俗的决心。对生存荒谬的不解和对理想的追求，屈原没有在既得不到君王信任又孤立无援的孤独之下消沉，而是选择了爆发和抗争，这是屈原精神中最为宝贵的东西。被楚王遗弃，受党人迫害，面对同僚的变节、小人的势利，但是为了坚持自己，可以九死不悔，体解不惩，可以忍受流亡生活的孤苦，从诗人身上我们确乎真切地感受到了人类历史中那种精神战士的身影。

总之，屈原的发愤抒情不是顾影自怜，不是一己之抒情，而是蕴含着具有普遍意义的人类情感。若就屈赋中所表现的哀怨情感而言，如鲁迅先生所说：“则三百篇中之甚于此者多矣”。屈原虽然继承了《诗经》哀怨的特点，但是他把这种情感和爱国忧民意识结合在一起，并反映了人类追求生命自由的深层意义。这和《诗经》中所表现的爱恨情愁、悲欢离合，以及由自然环境、现实环境所触发的一般性喟叹是不可相提并论的。

屈原的情感世界不仅博大，而且率性地抒发。从情感抒发的特点来看，《诗经》的哀怨是极其克制的，有“怨而不怒，哀而不伤”的理性节制。而屈原之发愤抒情几近是生命声嘶力竭的呐喊，无所顾忌。清人钱澄之在其《屈诂序》一文中说：“屈子之文，如寡妇啼，前后诉述不过此语，而一诉再诉，不足以尽其痛也。”清人刘熙载在其《艺概·赋概》里也说：“《离骚》东一句，西一句，天上一句，地下一句，极开阖抑扬之变。”这些评论都见出了屈原率性任情的抒情个性。

屈原的发愤抒情直接外现到他的艺术表现中，那就是追求绚烂之美。首先，文采斐然。屈原喜欢用极度夸张的修辞手法和词汇，如“九死而不悔”等；喜用视觉和听觉形象很饱满的华丽辞藻；喜欢表现事物的极盛状态，如大量描写的鲜花芳草，渲染华丽热闹的场面、氛围；善于用对偶的修辞手法，如“悲莫悲兮生离别，乐莫乐兮新相知”“朝饮木兰之坠露兮，夕餐秋菊之落英”“与天地兮同寿，与日月兮同光”等就是公认的情文并茂的名句。楚辞文采更为斑斓，这与诗人深厚的文学修养有关外，更与其感情的热烈、蓄积的丰厚有直接关系。丰厚者方可寄寓深远，热烈者才能率性抒发，使得语言表达要镂金错彩，才足以将诗人情感的丰富性和强烈性淋漓酣畅地宣泄出来。

其次，喜擅铺陈。在文章的结构上，屈原有一种求大、求全的倾向。屈原在《离骚》中对自己的世系、生辰、名字、外在的美以及内在的品格和进步的政治理想都无一遗漏地叙述，不厌其烦地诉说自己的政治委屈，刻意地设置为了楚国的前途而上下求索之情节，都有一种在结构上囊括无遗的企图；《天问》一文从“遂古之初”问起，对自然、社会和历史全面地诘问，“上称帝喾，下道齐桓，中述汤武”，给人一种意图囊括古今的庞大气势；《招魂》的前一部分着力渲染东西南北、天上人间的凶险可怕：东方“长人千仞，惟魂是索些”，南方“蝮蛇蓁蓁，封狐千里些”，西方“流沙千里些”，北方“增冰峨峨，飞雪千里些”，天上“豺狼从目，往来侁侁些”，地下“参目虎首，其身若牛些”，从空间上作了全方位的概括。这种以大为美、多方铺陈的结构特色与诗人情感表达的丰厚和热烈同样是密不可分的。

《离骚》结构的繁复，以及一唱三叹、回环往复的抒情方式，与屈原情感的深厚和主题的丰富性是表里相合的。作为抒情诗，《离骚》如同叙事诗那样设有情节，如诗人“重华陈辞”“上叩天阍”“下求佚女”等精神求索的游历；此外，还大量运用象征和隐喻等艺术手法，开启“香草美人”的系统性设喻。通过这些艺术形式，《离骚》才能展开如此宏大的篇章，才能展示出诗人本身思想和个性精神的深度和广度。如果与《诗经》相比，便会发现屈赋给诗歌艺术的发展带来的新鲜活力。《诗经》每一篇的篇幅相对短小，主要采用简单的复沓结构来增强情感抒发的强度。相比之下，屈赋不仅篇幅较长，而且艺术表现手法更为成熟。这就可以扩大诗歌反映生活、表情达意的艺术容量，使诗歌创作能反映出社会生活的深层，游历到精神之原的广阔地带。

伟大的诗作，必须要有同样伟大的思想情感为底蕴。《诗经》的伟大，是整体的美学效果，如果拆散开来，就每一首诗而言，它仍然是一种简约乃至稚嫩之美。这在根本上是由抒情主人公的思想情感的相对单薄决定的。同样的艺术形式，以不同的情感为底蕴，其审美的效果大不一样。如同样是复沓的结构形式，《诗经》只是通过简单的重叠来加强抒情的效果，而《离骚》却不然。

对此，金开诚先生有非常精辟的分析。《离骚》大致可以分为三段：第一段是写诗人在现实中的斗争与失败，第二段写诗人在想象中的求索与幻灭，第三段写诗人设想去国离乡而终不忍离去。而且这三大段又围绕着一个共同的思想情感主题，从这个意义上说，《离骚》采取了一种大的复沓的结构形式；但这种“复沓”不是一种封闭性的简单重复，而是一个流动性和开放性的结构；在这三大段内容的依次展开过程中，我们从中可以感受到诗人对理想追求过程中不断抗争、求索、幻灭到以身殉志的精神发展过程。因而，这样的复沓结构就不仅扩大了诗歌的表现容量，还使诗人抒情述志的过程既高潮迭起，又一往无前。

综上所言，屈原思想情感世界的深沉、丰厚和热烈奔放的情感抒发，使“情”成为营造其绚烂之艺境的关键性因素，生动地诠释了情感因素带给文学艺术的魅力。这种率性任情，正是浪漫主义美学精神的本质和特征。

瑰丽想象

从美学角度看，诗歌艺术中的情感抒发与日常生活中人们直白地发泄自己的内心情绪毕竟不同。抒情不能显，显则流于浅，没有诗意。如此一来，含蓄作为诗歌艺术的最起码标准历来受到肯定。所谓含蓄就是形象的鲜明性和意蕴的模糊性的矛盾统一。为了达到这种诗歌艺术的创作目的，所以写诗要运用形象思维，而形象思维的运用说到底就是想象力的发挥。黑格尔说，最杰出的艺术本领就是想象。借助于想象，作家一方面使自己心中的情感、思想等诸种心理因素，予以客观化、对象化；另一方面，在想象过程中以意象和意象组合为媒介，使情感以间接、曲折的方式抒发出来，达到含蓄蕴藉的诗意效果。在屈赋中，情感与想象同样呈现出彼此交融的关系：诗人基于现实社会生活遭遇的情感，乃是他进行艺术想象的动力和趋向；反之，艺术想象又成为诗人现实情感的审美化的表现手法。

在中国古代诗歌史上，对情感表达的艺术方式的探索，其最初成果就是总结出了“赋、比、兴”的表现手法。它们是人们从《诗经》中总结出来的关于诗歌创作的艺术手法，最早见于《周礼》：“教六诗：曰风，曰赋，曰比，曰兴，曰雅，曰颂。”所谓“赋”是指“敷陈其事而直言之”，如《诗经》之“大雅”“小雅”“颂”中那些记述周人历史的史诗和歌功颂德之作，铺陈的情节和场面就较多。所谓“比”是指“以彼物比此物”，也就是比喻的意思。《诗经》中这样的例子就很多，如《氓》用桑树从繁盛到凋落的变化来比喻爱情的盛衰；《鹤鸣》用“他山之石，可以攻玉”来比喻治国要纳贤才；《硕人》用“柔荑”喻美人之手，“凝脂”喻美人之肤，“蝤蛴”喻美人之颈，“瓠犀”喻美人之齿等，都是用“比”的佳例。所谓“兴”是指“先言他物以引起所咏之辞”，也就是借助其他事物为所咏之内容作铺垫，有象征、烘托的意思。如《关雎》：“关关雎鸠，在河之洲；窈窕淑女，君子好逑”，诗人借眼前景物，即河中小洲上关雎的和鸣声，来比喻男女求偶。又如《桃夭》：

"桃之夭夭，灼灼其华"，则是以春天盛开的桃花来暗喻新娘的美貌。从美学角度看，所谓"赋、比、兴"，实质是诗人借助想象反映生活和抒发情志的艺术方式，是客观事物和主观情感形象化、对象化的手段，是先民对艺术把握生活的特殊方式和规律的素朴总结。

《诗经》大量运用赋、比、兴的表现手法，尽管取得了良好的艺术效果，但总的来看，还是局限于"援物入诗"的素朴层次。首先，喻体物象多局限在鸟兽、草木、山河等耳目所闻所见的自然景物，以及生活中习见的事物，如《硕鼠》："硕鼠，硕鼠，无食我黍"，用硕鼠比喻贪婪的剥削者；其次，很多比兴只是充当发端起情和定韵的作用，与下文的意义表达没有什么太大关系，如《晨风》开头"鴥彼晨风，郁彼北林"，与下文"未见君子，忧心钦钦"云云，很难发现彼此间的意义联系。它说明《诗经》中的情感表达与艺术想象还未能很好地交融在一起。

屈赋继承了《诗经》比兴的表现手法，但进行了创造性的发展。它把摄取比兴物象的范围从自然界、现实生活扩大到历史乃至神界，"放言遐想，称古帝，怀神仙，呼龙虬，思佚女"，任意驰神纵意，举凡所见所闻，所想所幻，亦真亦假，亦实亦虚，无不可以入诗，并将情感与想象紧密地结合、统一在一起。

屈赋运比兴之思，所构筑的想象世界大致可以分为四大体系。首先，香草体系，这是一个五彩缤纷的自然物象世界。诗人广摄自然界的鲜花香草来暗喻自己的思想情感和审美志趣，寓情于草木。如《离骚》所描绘的那位披草戴花的抒情主人公："纷吾既有此内美兮，又重之以修能；扈江离与辟芷兮，纫秋兰以为佩""朝搴阰之木兰兮，夕揽洲之宿莽""朝饮木兰之坠露兮，夕餐秋菊之落英""制芰荷以为衣兮，集芙蓉以为裳""揽木根以结茝兮，贯薜荔之落蕊""矫菌桂以纫蕙兮，索胡绳之纚纚"，这显然是诗人以芳草的佩戴与采摘比喻才德的进修。香草作为屈赋中的核心意象，作者对此肆意运用，寄寓多端："昔三后之纯粹兮，固众芳之所在；杂申椒与菌桂兮，岂惟纫夫蕙茝"，这是以博取香草比喻招揽众多贤才；"余既滋兰之九畹兮，又树蕙之百亩。畦留夷与揭车兮，杂杜衡与芳芷"，这是以"滋兰""树蕙"比喻培育贤才；"兰芷变而不芳兮，荃蕙化而为茅。何昔日之芳草兮，今直为此萧艾也"，这是以芳草的变质比喻人才的变节。诗人以芳草为一个中心象征物，反复诉说，既有孤芳自赏的笃定、自信，更有对人才变质的扼腕叹息。诸种情绪皆借芳草这一意象来表达，使得情感的抒发繁复而不乱，因而更具艺术表现力。

屈赋用来表达情志的自然物象，除了香草外，还有善鸟、臭物、恶禽等。如《离骚》："鸷鸟之不群兮，自前世而固然"，此为以"鸷鸟"的不合群的生物本性比喻诗人自己桀骜不驯的个性；"驷玉虬以乘鹥兮，溘埃风余上征""鸾皇为余先戒兮，雷师告余以未具。吾令凤鸟飞腾兮，继之以日夜"，此为以"虬龙鸾凤"比喻品性高洁之人；"吾令鸩为媒兮，鸩告余以不好；雄鸠之鸣逝兮，余犹恶其佻巧"，此为以鸩、鸠这类恶禽比喻奸险和花言巧语的人；"何昔日之芳草兮，今直为此萧艾也"，此为以萧艾这类臭草来比喻变节之人；"飘风屯其相离兮，帅云霓而来御"，此为以"飘风云霓"比喻势利、贪婪的小人。

如此看来，屈赋以物喻人的想象不是随意编织的，而是经过了诗人情感的梳妆。因为它把“善鸟香草”和“恶禽臭物”相对照、“虬龙鸾凤”与“飘风云霓”相对照，明显是刻意的安排，也可以收到更理想的审美效果。通过这种对比分明的比兴形象体系，一方面能够更强烈地表达诗人追求真、善、美和鞭挞假、恶、丑的审美志趣；另一面，对良莠、美恶就有了更鲜明、具体的认识，从而引起人们强烈的爱憎之情。

屈赋中用以比兴的自然物象是缤纷满目的，诸如江离、白芷、宿莽、木兰、菌桂、秋菊、蕙草、杜衡、薜荔、芙蓉、芰荷、琼枝，等等。如果把屈赋中出现的那些自然物象仔细考证出来，似乎能够连缀出一本关乎楚地的博物学志。诗人非常密集地援采这些花卉草木入诗，这本身就构成了一个让读者目不暇接的色彩多姿的物象世界。这些奇花异草明显都是具有楚地水乡泽国地域特色的植物。如果没有诗人对荆楚大地、沅湘水泽中的花草树木的细心体察，是难以做到以如此繁多的自然物象来编织自己的艺术想象世界的。对此，以《湘夫人》中诗人对湘君和湘夫人所居住的水中宫室的想象与描绘为例可资说明：

> 闻佳人兮召予，将腾驾兮偕逝。筑室兮水中，葺之兮荷盖。荪壁兮紫坛，播芳椒兮成堂。桂栋兮兰橑，辛夷楣兮药房。罔薜荔兮为帷，擗蕙櫋兮既张。白玉兮为镇，疏石兰兮为芳。芷葺兮荷屋，缭之兮杜衡。合百草兮实庭，建芳馨兮庑门。

湘君听到佳人召请，即时驱动车子同载而往。他于水中筑宫室：用荷叶覆盖屋顶，以荪草装饰墙壁，紫贝铺砌庭坛，厅堂播撒着香气浓郁的花椒；又用桂木做屋梁，木兰做椽子，以白芷装饰房门，辛夷花木制作门楣；用薜荔藤织网做成帐幕，剖开蕙草编成隔窗的幔帐也已经支张；白玉用来做压住席子的镇物，石兰花散布庭院散发出芬芳；用芷草修葺荷叶屋顶，还用香草杜衡缭绕四周屋脊；满庭院布满了百种花草，还给两边厢房的走廊结扎芬芳馥郁的门廊。这座水中爱巢，点缀着楚地的香草异木达数十种之多，浓艳纷繁、沁人心脾，一派水乡泽国的江南风情。这种水宫建筑风格在现实生活中是不可能有的，它实际上是诗人比照楚地的建筑风格和杂采各类花卉草木幻想出来的。如果没有诗人对楚地风土、物象的悉心体察，便难有这般艺术想象。在这个意义上，屈赋想象之瑰丽，首先要归结为楚地多姿多彩的自然物象对诗人的馈赠。

其次，美人体系。这是屈赋以寄意男女的方式来抒发情志所营构的象征体系。它的重要性堪比香草体系，二者共同构成为人们所乐道的所谓“香草美人”的比兴传统。美人，女性中之姿色超凡者也，其所具有的审美价值自不待言。屈赋以美人作喻，或比君，如《离骚》：“惟草木之零落兮，恐美人之迟暮”；《抽思》：“结微情以陈词兮，矫以遗夫美人”；《思美人》：“思美人兮，揽涕而竚眙”。或比贤臣，如《离骚》：“吾令丰隆乘云兮，求宓妃之所在”“望瑶台之偃蹇兮，见有娀之佚女”。或比理想中的人，如《少司命》：“望美人兮未来，临风怳兮浩歌”“满堂兮美人，忽独与余兮目成”；《河伯》：“子交手兮东行，送美人兮南浦”。或自比，如《抽思》：“昔君与我诚言兮，曰：‘黄昏以为期’。羌中道而回畔兮，反既有此他志”，诗人以美人自比，以男女爱情关系寄寓君臣政治关系，求女的失败象征着自己美政理想的失败和君臣遇合的无期。

美人本属于物质形态的自然之美，按常理，她本应出现在两性审美的情境中，是男性追求、思慕的对象。屈赋以她多端作喻，一方面使美人这一属于两性审美中的审美对象具有多样化的人格内涵，另一方面以男女情爱关系类比君臣政治关系，也使诗人思慕君主的政治诉说有了隐晦的表达，更为曲婉动人。

再次，历史人物体系。这是屈原与历史经验对话、寻求历史正义信仰过程中编织的历史人物画卷，既有诗人崇拜的尧、舜、禹、汤、文王、鲧，也有诗人所痛恨的昏聩的君王。这些尘封在历史中的人物，在屈原与之神交过程中，向我们纷至沓来。然而，诗人与这些历史人物的对话，不是要客观再现他们的历史事迹，而是借助他们来表达自己的政治原则与理想，因而这仍然属于超现实的想象的运用。例如《离骚》中的“重华陈辞”，诚如杨义先生所说：诗人把自己的心灵导向远哉悠悠的舜帝，已穿越了历史的时空，而向舜帝陈述的内容，竟是舜帝生前所不曾见及的夏启以后的历史，这又明显错乱了时空；而为了强调腐败政治的后果，诗人又筛选了历史，把那些历史存在间隙本来很大的昏聩君王连缀在一起，出现了巨大的时间跳跃；这些都是经过诗人的主观感觉编排的历史；客观的历史时空在人的心灵历程中可以随心安排，这是屈赋的发明。它归根结底是诗人率性运思、肆意想象的结果，为屈赋的意境增添了迷离恍惚的审美效果。

最后，神话传说体系。这可能是屈赋中最为光怪陆离的部分。除《九歌》十一篇基本取材于沅湘流域的神话而敷衍而成外，其他篇目也大量杂糅神话传说，编织出一个神异的幻想世界。这种神异性大致可以分为两个方面：

首先，神奇性。屈赋写了大量的神奇怪异的事物。如《招魂》："长人千仞，惟魂是索些。十日代出，流金铄石些……雕题黑齿，得人肉以祀，以其骨为醢些。蝮蛇蓁蓁，封狐千里些。雄虺九首，往来倏忽，吞人以益其心些……西方之害，流沙千里些。旋入雷渊，爢散而不可止些。幸而得脱，其外旷宇些。赤蚁若象，玄蜂若壶些。五谷不生，藂菅是食些。"种种事物，荒诞离奇、匪夷所思。这些灵异的怪人、狞厉的猛兽、"十日代出，流金铄石"的酷烈自然现象显然并非诗人所能目见，可能是基于历史文献中某些蛛丝马迹的相关记载而想象的结果。

其次，神幻性。在《离骚》中，诗人驰骋想象，糅合神话传说、历史人物和自然想象，编织出一个个幻想的境界：

> 朝发轫于苍梧兮，夕余至乎县圃。欲少留此灵琐兮，日忽忽其将暮。吾令羲和弭节兮，望崦嵫而勿迫。路曼曼其修远兮，吾将上下而求索。饮余马于咸池兮，总余辔乎扶桑。折若木以拂日兮，聊逍遥以相羊。前望舒使先驱兮，后飞廉使奔属。鸾皇为余先戒兮，雷师告余以未具。吾令凤鸟飞腾兮，继之以日夜。飘风屯其相离兮，帅云霓而来御。纷总总其离合兮，斑陆离其上下。吾令帝阍开关兮，倚阊阖而望予。时暧暧其将罢兮，结幽兰而延伫。

诗人朝发苍梧山，夕至昆仑山的县圃，让羲和为其驾车，望舒为其导游，以飞廉、鸾皇、凤鸟、飘风、云霓、雷师为侍从，上叩天阍。但诗人受到帝阍（给天帝看门的人）冷遇，不启天门，所以便从天国返回到人间，开始了折琼枝以求“下女”的历程：

朝吾将济于白水兮，登阆风而绁马。忽反顾以流涕兮，哀高丘之无女。溘吾游此春宫兮，折琼枝以继佩。及荣华之未落兮，相下女之可诒。吾令丰隆乘云兮，求宓妃之所在。解佩纕以结言兮，吾令蹇修以为理。纷总总其离合兮，忽纬繣其难迁。夕归次于穷石兮，朝濯发乎洧盘。保厥美以骄傲兮，日康娱以淫游。虽信美而无礼兮，来违弃而改求。览相观于四极兮，周流乎天余乃下。望瑶台之偃蹇兮，见有娀之佚女。吾令鸩为媒兮，鸩告余以不好。雄鸠之鸣逝兮，余犹恶其佻巧。心犹豫而狐疑兮，欲自适而不可。凤皇既受诒兮，恐高辛之先我。欲远集而无所止兮，聊浮游以逍遥。及少康之未家兮，留有虞之二姚。理弱而媒拙兮，恐导言之不固。世溷浊而嫉贤兮，好蔽美而称恶。

诗人所寻求的美女有三个，分别是：宓妃，相传是伏羲的女儿，溺死在洛水，而为洛水之神；简狄，是五帝之一帝喾的妃子，传说她“吞玄鸟卵生契”，契即商朝的祖先；二姚，是夏王少康的妃子。但她们经过诗人主观意图的重组，都改变了原来的地位和摆脱了原来故事的约束。诗人先令云神丰隆腾云驾雾载他去寻找宓妃。但宓妃仗着她的美貌而十分傲慢，成天寻欢作乐、恣意嬉玩。因此她虽美而不守礼法，只好放弃。不得已，诗人便转求简狄，派鸩鸟做媒去传意，但鸩鸟从中作祟，撒谎说简狄不好。这时，诗人似乎难以找到合适的媒人和途径来“求女”了：他想让斑鸠做媒，但嫌斑鸠轻佻多嘴，令其做媒也不放心；自己亲自前往在礼节又不够妥当；用凤凰做媒人倒是不错的选择，但恐怕等自己找到凤凰时，帝喾已捷足先登了。不得已，诗人最后聊且追求二姚，但媒人无能且言语笨拙，靠他来传意也枉然。最终，诗人的三次求女历程，或因对象傲慢或因媒人品行、能力的不行而不能有效地传达自己的情意，皆以失败告终。这种求女的挫折感，使诗人不得不发出“世溷浊而嫉贤兮，好蔽美而称恶”的感叹。

在“叩阍求女”而上下求索的历程皆失败后，诗人试着听取灵修和巫咸二位名巫的劝告，而萌生了去国离乡、另求贤君的意念。实际上，无论是灵修还是巫咸都是诗人想象出来的对话客体，旨在借二位名巫之口表达自己的所思所想。在接受灵修所谓“远逝”和巫咸所谓“升降上下”的劝说后，诗人出发了：

> 邅吾道夫昆仑兮，路修远以周流。扬云霓之晻蔼兮，鸣玉鸾之啾啾。朝发轫于天津兮，夕余至乎西极。凤皇翼其承旂兮，高翱翔之翼翼。忽吾行此流沙兮，遵赤水而容与。麾蛟龙使梁津兮，诏西皇使涉予。路修远以多艰兮，腾众车使径待。路不周以左转兮，指西海以为期。屯余车其千乘兮，齐玉轪而并驰。驾八龙之婉婉兮，载云旗之委蛇。抑志而弭节兮，神高驰之邈邈。奏《九歌》而舞《韶》兮，聊假日以媮乐。陟升皇之赫戏兮，忽临睨夫旧乡。仆夫悲

余马怀兮，蜷局顾而不行。

这种远游情景仍然是一个海阔天空、极尽铺陈之能事的幻想世界。车队千乘，旌旗蔽空，浩浩荡荡，朝发天河渡口，夕至西方的尽头，行动异常快速，渡赤水，穿沙漠，蛟龙搭桥梁……真是极力夸张，尽力渲染。这种出游只能是诗人在想象中的神游，而非足履。

无论是昆仑行、求女行还是远游出走，其想象丰富奇特，境界迷离，场面宏丽。诗人用那饱含激情之笔，借助天上地下的神话传说，肆意想象。在这里，羲和、飞廉、望舒、雷师、丰隆、宓妃、蹇修、西皇等，这些现实生活中不曾存在的神话传说中的意象，以及尘封在历史故纸堆中的人物，如尧、舜、禹、汤、文王、鲧、少康、夏桀、简狄、二姚等，经过作者奇特的想象和编织，都进入了诗歌中，变成了丰满的形象。而《离骚》中的抒情主人公更是神乎其神，竟能呼风唤雨，驱使日月风雷，命各路神仙陪他云游天外，上叩帝阍，逍遥昆仑，三求神女，一会帝舜。在《离骚》里，那些叩阍求女、巫咸夕降、咸池饮马、仆悲马怀等描写，以及大量出现的昆仑、悬圃、高丘、阆风、咸池、天津、西极、西海、天门等神话幻境和灵禽异兽，都令人兴会无穷，浮想翩翩。

无论是“香草美人”的象征体系，还是对历史人物、时空的错综重组，以及任遣神话传说，这一切都是想象的神奇效果。诚如金开诚先生所说，这种想象真是“抚古今为一瞬，挫万物于笔端”，它打破了天上与人间的距离、历史的时空界限，把客观实存之事物与主观神异的天神鬼怪、幻境异物都糅合起来以塑造诗的形象，加强了诗人情志的抒发。

值得一提的是，这种想象基于屈原自觉、理性的艺术思维活动。所谓“自觉”是指屈赋中想象的运用不是出于某些偶然、局部的个案，而是内化为屈原心中一种成熟而有意的思维。与此相反，便为“不自觉”。前面讲到，《诗经》中的诗多用比兴，就是一种想象的运用，但是这种想象还是朴素的，尚处于萌芽状态，也就是处于不完全自觉的阶段。这主要表现在《诗经》中的比兴还处于以物喻人的层次，尤其是比兴的喻体物象与作品所要表达的思想情感二者之间还是较为简单的比照关系，甚至没有太大的意义关联。这都说明，《诗经》中想象的运用，其思路还没有打开，不够活跃和富于能动性。

然而，屈赋中想象的运用已臻于自觉的阶段。一方面，它把摄取想象素材的范围，从自然扩大到现实、历史以至神话传说，使想象力的发挥不囿于单一素材的限制；另一方面，更为重要的是屈赋把比兴之物与诗人所要抒发的情志融合起来了，具有形象与理性、情感高度统一的特征。

王逸在谈到屈原运用比兴时曾说：“善鸟香草以配忠贞，恶禽臭物以比谗佞，灵修美人以媲于君，宓妃佚女以譬贤臣，虬龙鸾凤以托君子，飘风云霓以为小人。”这种分门别类的比照、象征体系，说明在屈赋中比兴之物与现实主体的情感之间有稳定的关系。如《涉江》：“鸾鸟凤皇，日以远兮。燕雀乌鹊，巢堂坛兮。”这种类似采用善鸟与凶鸟二元对立的形态来嘲讽朝政昏乱和价值颠倒之荒谬的抒情方式在屈赋中是很普遍的。又如，美人意象最早在《诗经》中就有出现，如《蒹葭》：“蒹葭苍苍，白露为霜，所谓伊人，在水一方”。所谓“伊人”或为诗人心中的情人，或理想中的人。但是，《诗经》以“美人”作比兴，是偶然性的使用。只有到屈赋以“美人”反复作喻，“美人”才升华为中国古代文学中的一个原型意象。正是屈赋中这种较为稳定的比兴体系，表明屈原对想象思维的运用已经处于较为自觉的阶段。

所谓“理性”则主要是指屈原运用神话素材进行艺术创作时，对这些神话传说本身并不信以为真。例如《离骚》中诗人在“重华陈辞”“叩阍求女”的精神求索历程中，其实他心里完全清楚，依现实情理而言，既无法向舜帝诉说，简狄和宓妃也不可追求，役使诸神、周游幻境更是异想天开。然而，为了诗歌的抒情效果，诗人故意去作“重华陈辞”“叩阍求女”的想象。可见，这些神话传说只不过是供屈原驰骋想象的素材罢了。

想象在艺术中的运用，早在古神话中就有了充分的表现。神话就是想象的产物。这种想象的主要特征就是把自然力量人格化。在神秘的大自然面前，人们尚无力加以征服，只好借助于想象将其人格化，以图控驭它们，这就产生了谲怪奇幻的远古神话传说。然而，远古神话传说赖以产生的想象思维是非理性的，原因在于这些神话传说的作者对超自然的力量信以为真。这里以中国神话中的“盘古开天地”的故事为例说明：

> 天地混沌如鸡子。盘古生其中。万八千岁。天地开辟。阳清为天。阴浊为地。盘古在其中。一日九变。神于天。圣于地。天日高一丈。地日厚一丈。盘古日长一丈。如此万八千岁。天数极高。地数极深。盘古极长。后乃有三皇。数起于一。立于三。成于五。盛于七。处于九。故天去地九万里。

首生盘古。垂死化身。气为风云。声为雷霆。左眼为日。右眼为月。四肢五体为四极五岳。血液为江河。筋脉为地理。肌肉为田土。发髭为星辰。皮毛为草木。齿骨为金石。精髓为珠玉。汗流为雨泽。身之诸虫。因风所感。化为黎氓。

这个神话记录虽然较晚，但具有很明显的上古神话思维的特点。神话中的盘古被描述为，以其身体的伟力创造了汉民族赖以生存的宇宙格局，然后他死了；其庞大的身躯分别化为大地上的山川河岳、草木金石以及天上的日月星辰。盘古，就是上古人为了求得宇宙由来的解释，而根据人类自身的形象，构想出的一个开天辟地、创生万物的人格神。上古人对盘古的伟力是信以为真的。然而，屈原并不以诸如此类的神话传说、神奇怪异的事物为真实存在，而是在理性的伴随下，当作其主观想象的感性材料来运用。

综上所言，想象在屈原那里已经成为自觉、理性的艺术思维。他对想象思维的娴熟运用，为其营构瑰丽多姿的艺术世界有不可替代的助推之功。

“九歌”世界

在屈原的艺术世界里，《九歌》十一篇的重要性堪比《离骚》，但二者又存在不大相同的美学意趣。诚如杨义先生所说：《离骚》多为政治抒情诗的素质，其中铺天盖地而来的是一个失意政治家的苦闷与亢奋相交织的政治激情，《九歌》则多有纯诗的神采，它是屈赋中的一块飞地；《九歌》以一组精美的抒情诗，把民间文化与文人传统交织在一起，编织了一个散发着清新感和神妙感的精神家园，充分展示了屈原作为一个诗人的想象与才情。

在《九歌》里，诗人不再像《离骚》中那样愤懑呼号，急不可耐地发出“亦余心之所善兮，虽九死其犹未悔”的铮铮誓言，也不再像《抽思》中那样忧兮兮地于长夜中长吁短叹，而似乎进入了一个情感极度沉醉、心灵高举远逝的超然境界，间或流露出一丝淡淡的慕叹或哀婉。这种变化，一方面大概与屈原的心境由焦灼渐趋虚廓有关。时间是治疗心理伤痛最好的镇痛剂。大概随着时间的流逝，屈原心中那种初放时的满腔愤懑慢慢有所缓解，痛定思痛，进入了对人生作某种玄思的精神深层。另一方面，就是通过创作《离骚》等作品的发愤抒情，郁积在诗人心中的烦闷冤苦被宣泄出来，恢复了心理的平衡，使诗人不再亢奋、激动，心灵的大海慢慢复归于平静，至少不像原来那样不可忍受了。在屈原的艺术世界里，如果说《离骚》如同汹涌澎湃的大海波涛，那么《九歌》就仿佛一片深不可测的湖水，静谧而诱人。

据流行的看法，《九歌》是屈原第二次流放至沅湘地区所创作的作品。王逸在《楚辞章句》中说：《九歌》者，屈原之所作也。昔楚国南郢之邑，沅湘之间，其俗信鬼而好祠。其祠必作歌乐鼓舞以乐诸神。屈原放逐，窜伏其域，怀忧苦毒，愁思沸郁。出见俗人祭祀之礼，歌舞之乐，其词鄙陋。因为作《九歌》之曲，上陈事神之敬，下见己之冤结，托之以风谏。故其文意不同，章句杂错，而广异义焉。

朱熹在《楚辞集注》中也说道：蛮荆陋俗，词既鄙俚，而其阴阳人鬼之间，又或不能无亵漫荒淫之杂。原既放逐，见而感之，故颇为更定其词，去其泰甚。

将王逸和朱熹二人的话合而观之，基本能再现当时屈原创作《九歌》的基本由来。屈原在楚顷襄王时流放江南以后，曾来到湘水、沅水一带，那里的民间习俗崇尚鬼神，喜好祭祀。祭祀鬼神时，必然要作歌舞。屈原看了这类民俗活动和歌舞表演后，感触颇多，但觉得此类歌舞不仅歌词写得浅俗，甚至还夹杂着荒唐、淫秽的内容。于是，他就以这类巫歌为创作的灵感和素材，并融入自己的才学修养和审美意趣，创作了《九歌》这部具有组歌性质的诗篇。

由此看来，《九歌》是沅湘巫歌和屈原对之艺术升华相结合的产物。没有沅湘民间社会的巫风歌舞及其所蕴含的审美智慧为基础，一位再有才华的诗人，也难成“无米之炊”，创作出如此新鲜异样的诗歌艺术。在这意义上，民间社会、民间文化始终是新的艺术样式得以诞生的源泉。当然，没有那些有才华诗人的艺术加工，这些巫歌也难以摆脱其原始粗俗的质朴形态，实现由俗而雅的升华。屈原创作《九歌》，可以说生动地反映了民间形态的艺术样式进入文人传统的基本规律。

“九歌”得名最早见于《山海经》：“开上三嫔于天，得《九辩》与《九歌》以下。”按照这个说法，《九歌》是夏启以送三个美女给天帝为代价，从天上偷来的。这种解释的神话性是十分明显的。它实际上是夏代《九歌》的表演者为了增强其表演的神圣感和神秘感，而假托《九歌》是夏启“窃自天帝”而得。就有文字可证的史料记载看，夏代《九歌》应该就是最原始的《九歌》。但是，夏代《九歌》的具体体制、内容如何，已不可考。按一般的看法，初民社会当没有今天唯美的歌舞艺术，相反，那个时候的歌舞多与原始宗教、巫术祭祀有关。如此说来，夏代《九歌》的巫术祭祀表演性质应该是没有疑义的，是一种集诗歌、音乐、舞蹈于一体的综合艺术形式。

夏以后，原始《九歌》（夏《九歌》）的演化朝着两个方向进行：一是在北传而历史化、理性化过程中，至周代，尽管仍然还沿用《九歌》之名称，但其性质已经不再是娱神的，而是乐治的。《周礼》中记载："凡乐，黄钟为宫，大吕为角，大蔟为徵，应钟为羽，路鼓路鼗，阴竹之管，龙门之琴瑟，《九德》之歌，《九磬》之舞；于宗庙之中奏之，若乐九变，则人鬼可得而礼矣。"《左传》文公七年记载："《夏书》曰：'戒之用休，董之用威，劝之以《九歌》，勿使坏。'九功之德皆可歌也，谓之《九歌》。"这两段话中提到的所谓《九歌》，姑且称之为周《九歌》，以别于夏《九歌》，可能在表演形式上还遗留有原始《九歌》的某些形式，但在内容上已经基本褪尽了原始《九歌》的宗教、巫术色彩，而成为歌功颂德、礼乐教化的工具。

二是在南播而楚化过程中，尽管夏《九歌》受到了楚地民俗民风和审美智慧的浸润而有了新的内容和形式，姑且称之为楚《九歌》，但是，由于春秋战国时代，楚国仍然巫风盛行，这使得楚《九歌》相对多地保留着原始《九歌》的巫术祭祀性质以及相应的表演形式元素。

综上所言，在屈原创作《九歌》之前，历史上与之共名的"九歌"就有了三种形态：夏《九歌》、周《九歌》和楚《九歌》。屈原的《九歌》是他在楚地《九歌》素材的基础上而创作的一组记述性很强的文人抒情组诗。

当然，屈原创作《九歌》，虽然是以楚地民间传说的神灵形象及其祭祀歌舞素材为基础，但还是饱含着屈原的才情与创造。《九歌》的每一篇都是一个瑰丽神奇的艺术之境。它均以塑造一个神祇形象为主题展开，其中隐含有一个单一的神话故事或历史传说，并融合有自然美、宗教仪式和诗人的情志。这种天才式的综合、创造，使《九歌》世界折射出多重立体复合式的美学效应。

首先，缤纷的神祇形象。《九歌》共有十一篇，包括迎接天神的乐歌《东皇太一》，祭祀太阳神的乐歌《东君》，祭祀云神的乐歌《云中君》，祭祀湘水男神的乐歌《湘君》，祭祀湘水女神的乐歌《湘夫人》，祭祀主管寿命的男神的乐歌《大司命》，祭祀主管生育的女神的乐歌《少司命》，祭祀黄河之神的乐歌《河伯》，祭祀女性山神的乐歌《山鬼》，祭祀楚国阵亡将士的乐歌《国殇》，送神的乐歌《礼魂》。在这些乐章中，屈原依据神祇的身份、职责，融入其大胆的想象，特别是以一种拟人化的人间想象，以人喻神，使神具有人一般的形、神常态，而塑造出了各具特征、人格化的神祇形象。例如：

第一，东皇太一是天神。在《东皇太一》中，为了凸显天神至尊无上的地位，诗人自始至终铺陈、渲染祭祀仪式和场面的盛大与庄重，这实际上是以人间的等级观念来想象神界的情形。“吉日兮辰良，穆将愉兮上皇。抚长剑兮玉珥，璆锵鸣兮琳琅。瑶席兮玉瑱，盍将把兮琼芳。蕙肴蒸兮兰藉，奠桂酒兮椒浆”，这是祭神典礼的准备工作。为了恭敬地娱乐东皇太一，祭神者择了良辰吉日，也着力对自己修饰了一番，佩剑服玉，手持琼玉之芳，礼容极为恭肃；另外，还用鲜花装饰祭坛，以蕙草裹肉、桂酒、椒浆为祭品。“扬枹兮拊鼓，疏缓节兮安歌，陈竽瑟兮浩倡。灵偃蹇兮姣服，芳菲菲兮满堂”，这是祭礼的进行。先是轻歌慢和，继之以舞，灵巫艳装，香飘满堂。最后，“五音纷兮繁会，君欣欣兮乐康”，这是祭礼的完毕。各种乐器纷繁交响，达到高潮，天神受到如此这般恭恭敬敬的礼遇后，欣然乐意。

第二，东君是太阳神。太阳是光明和温暖的象征。在《东君》中，诗人不仅写了太阳朝升暮降的雄伟景观，还赋予了太阳带给人类光明、驱散黑暗、除暴安良的崇高品格。“暾将出兮东方，照吾槛兮扶桑。抚余马兮安驱，夜皎皎兮既明。驾龙辀兮乘雷，载云旗兮委蛇。”这是诗人对太阳初升时的壮丽景观的描摹与想象。当太阳神驾车缓缓启程，便划破了黑夜的沉寂，大地渐露曙光；紧接着，太阳神驾车继续喷薄升起，车声如雷，所经之处，周围的彩云翻滚如同旌旗猎猎；然而，冉冉初升的太阳，似又乍浮乍沉，有如人之叹息和徘徊流连之状。在这里，状物与写意浑然一体。“青云衣兮白霓裳，举长矢兮射天狼。操余弧兮反沦降，援北斗兮酌桂浆。撰余辔兮高驰翔，杳冥冥兮以东行。”这几句是对太阳所蕴藏的内在美的发掘。它以青云为衣，以白霓为裳，其万丈光芒有如一支支长箭射向天狼星，其“撰辔高驰”不停地运转，沉入黑夜而再续光明，这是一个不辞劳苦、驱散黑暗、撒播温暖的崇高形象。在中国文化中，人们常把那些为人民造福谋利的圣君明主比作太阳，对太阳的崇拜不过是对君王的敬重这一政治情感的物态化。

第三，云中君是云神。云，就其自然特征而言，是漂浮不定、舒展自如的，有时还五彩斑斓。诗人根据这一特征，对云神进行了塑造，既着装华丽：“浴兰汤兮沐芳，华采衣兮若英”，又变化不定：“灵皇皇兮既降，猋远举兮云中”，还来去匆匆，周游四海：“览冀州兮有余，横四海兮焉穷”。云神的光洁流逸、变动不居，凝神畅望之，既让人神思飞扬，亦让人无所依傍，不免心生惆怅之情：“思夫君兮太息，极劳心兮忡忡”。

第四，湘水神。湘水神有男神和女神两个，男神称湘君，女神称湘夫人。根据民间广泛流传的说法，帝舜死于苍梧，葬于九嶷山。他的两个妃子，即帝尧的女儿娥皇和女英闻听了他的死讯，悲痛欲绝，便去奔丧，后来也死于湘江。据说帝舜死后，天帝封其为湘水之神，号“湘君”，封二妃为湘水女神，号“湘夫人”。屈原应当知晓这个脍炙人口的民间神话传说。在《湘君》和《湘夫人》两首诗中，屈原就是以舜帝与娥皇、女英二妃的故事为原型而塑造出了一个凄美动人的爱情故事。湘君和湘夫人彼此思念，临风企盼，但又偏偏久候而不见恋人来赴约，期待而来，失望而归，不禁悲从中来。

第五，大司命是主宰人类寿命的神。他掌管着芸芸众生的生死寿夭。根据这一特征，诗人把大司命塑造成了一个威严冷酷、操持特权的形象。诗一开篇便写道：“广开兮天门，纷吾乘兮玄云。令飘风兮先驱，使涷雨兮洒尘。”这是大司命下凡间的情形：天门洞开，他驾着翻滚的浓云乘势而出，他命令飘风开路，暴雨洗尘，一出现便让人觉得阴风飕飕，毛骨悚然。“纷总总兮九州，何寿夭兮在予。”九州大地的人们的寿命长短都归他掌管，而且还：“壹阴兮壹阳，众莫知兮余所为”，变幻莫测，给人难觅其行踪的神秘感。

第六，少司命是掌管人类生育的神。与大司命的冷酷威严相比，少司命是温柔可亲的。她被鲜花簇拥：“绿叶兮素枝，芳菲菲兮袭予”；她含情脉脉：“满堂兮美人，忽独与余兮目成”；她非常决绝：“入不言兮出不辞”；她体贴人间的相知离别之情：“悲莫悲兮生离别，乐莫乐兮新相知”。少司命“登九天兮抚彗星”“竦长剑兮拥幼艾”，一手抚揽彗星、高举长剑扫除灾害，一手抱着婴儿，正是诗人结合其“司人子嗣”的特点创作出来的光辉形象。

第七，山鬼是山神。在诗人笔下，她是一位美丽深情而又所遇不偶的苦恋者形象。山鬼有着人间少女的美貌与心态：“既含睇兮又宜笑，子慕予兮善窈窕”，同时又带有山林旷野间野性、精灵的气息：“乘赤豹兮从文狸，辛夷车兮结桂旗。被石兰兮带杜衡，折芳馨兮遗所思”。然而，这位美丽的山中女神却十分落寞。“余处幽篁兮终不见天，路险难兮独后来。表独立兮山之上，云容容兮而在下。”她独处幽篁，当不畏艰险穿过幽深的竹林前去赴约，独立于山巅之上时，眼望着茫茫云海，而孤寂之情依旧。她独自伫立，默默守候，仍不见心上人的到来，不禁黯然有红颜迟暮的忧伤：“留灵修兮憺忘归，岁既晏兮孰华予”，年岁不与，青春易老，谁还能久留得住花一样的芳华呢？思及自己红颜不曾一瞬，怀人而又不得：“怨公子兮怅望归，君思我兮不得闲”，惆怅之情才下眉梢，又上心头。

第八，《国殇》礼赞的是英雄或说战神。诗歌首先描绘了一个敌我鏖战的场面：铁马兵戈，旌旗蔽日，箭矢交坠，短兵相接，直杀得惊天动地。英勇的将士虽然节节失利，“严杀尽兮弃原野”，但是他们：“诚既勇兮又以武，终刚强兮不可凌。身既死兮神以灵，子魂魄兮为鬼雄”。身躯虽灭，但志不可夺。一种“生当作人杰，死亦为鬼雄”的豪情气概充塞于天地之间。

综上，基本就是《九歌》世界的神祇形象。至尊无上的“天神”、撒播光明的“太阳神”、光洁流逸的“云神”、相思相望的“湘水神”、威严冷酷的“大司命”、多情果敢的“少司命”、幽怨悲切的“山神”、视死如归的“战神”，等等，均状貌各异、栩栩如生，表现出屈原过人的存形写意的艺术创作力。

其实，在《九歌》世界里，这些神祇形象大多已经褪去了在原型中的纯粹神格，而是一种人格化了的神灵形象。这些神祇具有人一般的情感常态。例如，湘君和湘夫人的恋情，或苦或痛，或爱或痴，或喜或愁，或盼或思，无不一往情深，宛如人间的痴男怨女那样，是有血有肉有情的人。《九歌》世界里的神，是神亦是人，是神与人的杂糅，拭去了神的神秘性，而增添了属人的人间气息。

其次，意境美。中国古典诗歌，历来讲究意境美。诗人往往借景言情，寓情于景，通过情景交融创造诗歌的意境。人们习惯于从唐宋以后讲意境，但是实际上在屈原的《九歌》里随处可见诗歌意境美的佳例。《九歌》的意境美大概有如下情形：

一是“状难写之景如在目前”。例如，《九歌》里的诸多神，如太阳神、云神、山神等，都是自然现象的拟人化，没有诗人写意的功夫，是难以把这些神祇塑造得栩栩如生的。

二是“写情则令人沁人心脾”。诗人塑造那些神灵的爱恋故事时，写喜写怒，写哀写乐，往往深情灌注，含不尽之意见于言外。

三是情景相融。最为典型的是《湘夫人》的开头四句：“帝子降兮北渚，目眇眇兮愁予。嫋嫋兮秋风，洞庭波兮木叶下。”深秋的潇湘，秋风习习，木叶飘零，洞庭生波。这种晚秋的凉意和候人不遇的怅惘融为一体，渲染出浓浓的凄清之氛围。读罢，不禁让人心底生凉。又如《山鬼》的末四句，写山鬼苦等到最后一刻，终未见恋人的到来，她心中的最后一丝希望也破灭了，这时大自然也为之悲鸣：“雷填填兮雨冥冥，猿啾啾兮狖夜鸣。风飒飒兮木萧萧，思公子兮徒离忧”。雷填填、雨冥冥、猿啾啾、风飒飒、木萧萧，这呜咽的天籁音响，是一个苦恋者的心声感动了天地，感动了风雷，感动了草木。面对山鬼的孤寂无依，物犹如此，人何以堪？读到这里，谁能不为山鬼的凄楚而动容？

四是以乐景写悲情，倍增其哀。《九歌》往往以绚丽多彩的艺术形象反衬悲情难解的悲剧性情感，从而使二者构成强烈、鲜明的反差，形成特殊的美学效果。统观《九歌》里的诸神，大多绚丽多彩，甚至能呼风唤雨，但无一不为“情”而伤。例如，驰骋天宇的太阳神，能横行无碍，“举长矢兮射天狼”，无限风光，但也难逃“情”的困扰，为“心低徊兮顾怀”的人间恋意而折磨。又如，湘夫人和山鬼，美丽窈窕，浓妆艳抹，苦心孤诣而为知己者容，但最终都难逃“生死契阔”“会合无缘”“孤芳自赏”的悲痛。将《山鬼》中言山中女神美丽、欢乐的开头四句与言其候人不得的凄楚结局的末四句对照，就足以令人为其中的哀乐之变喟然长叹。所以，愈是渲染乐景，就愈能反衬其中悲情的强度。乐景与悲情大起大落、相反而相成的奇妙组合，可以收到一种震撼人心的美学效果。

最后，爱情美。爱情是文学艺术的母题和永恒主题。爱情是一个人进入青春期后，由于性意识萌发而产生的一种社会性情感。爱情之美首先缘于男女两性之间的相互吸引、欣赏与关爱，这是人生最纯真、世俗的情感。在中国古代诗歌里，《诗经》最早把爱情这一最世俗的人类情感非常本真地传达出来。《诗经》里的爱情，充满着乡村恋曲的泥土气息，大胆、浪漫、野性且温馨。例如，“关关雎鸠，在河之洲。窈窕淑女，君子好逑”，就是描述一个发生在田野小河边的爱情故事，是两性相悦的素朴抒发；“愿言思伯，甘心首疾”，这是相思成疾之情的直白表露；“静女其姝，俟我于城隅。爱而不见，搔首踟蹰”，这描绘的是一对俏皮恋人的约会场面：一个故意躲在城角、隐而不见，一个翘首期待、焦急徘徊，显得浪漫而温馨。《诗经》里的爱情，是发生在有七情六欲的男女身上的真实故事，是具体的爱情经历的记录，细心品味，让人感到爱情的真实、亲切，令人升起爱恋世俗的温暖与幸福。

然而，《九歌》里的爱情却是另一番风景。它不是基于对现实的爱情故事或经历的真实记录，而更多的是出于对爱情的想象。《九歌》里的爱情是悲剧性的。那些女神们，一个个雍容华贵、多情忠贞，向往美好的爱情，却偏偏只能孤芳自赏，空怀相思之情，独自品味爱情失意的痛苦。“期待——怨恨——绝望”的三部曲，是《九歌》里的爱情主人公的心路历程。例如湘夫人，她精心打扮自己，装饰龙舟，满心欢喜地期待湘君的迎接；但湘君久候不至，湘夫人的情绪旋即由喜而恨，怨恨对方“期不信”“心不同”，还“捐余袂兮江中，遗余褋兮醴浦”，扔弃信物发泄自己内心的怨恨；最后，绝望的她只好告慰自己：“时不可兮骤得，聊逍遥兮容与”，然而聊且逍遥，故作轻松，只不过是强作欢颜以掩饰内心的悲痛罢了。所以，《九歌》里的爱情间或也点缀着淡淡的温馨与哀哀欲绝的柔情的同时，更多的是笼罩在它四周的悲凉，使其如水不可止，如云不可揽，如月不可掇，如梦不可驻，让人怀疑爱情的真实性和世俗的幸福。

与《诗经》里爱情的甜情蜜意相比，《九歌》里的爱情是俗世之人避之不及的，因为有谁愿意去承受这种只有相思、期待而没有结果的爱情呢？但从纯粹的美学角度看，《九歌》里的爱情是美的。尽管世俗爱情的美好在于男女之间如胶似漆的依恋，但那些悲剧性的爱情往往具有撼动人心的情感魅力。《九歌》里的爱情主人公尽管不曾获得爱情，甚至明知没有圆满的爱情结局，却苦苦地坚持、期盼，辗转反侧而甘愿承受相思之苦，这不正反衬出爱情的美好吗？如此，才使得男女两性以永不枯竭的激情去追求它。人都是有七情六欲的，但《九歌》里的爱情主人公却把爱情当作了一种憧憬、境界：虽然缥缈，却始终眷顾，这或许就是《九歌》里的爱情之美吧。

最后，《九歌》世界的隽永、稠厚的美学意蕴，还在于它包蕴着屈原本人的情志、思想与爱憎。也就是说，《九歌》世界不仅是缤纷多彩的神灵世界，还寄托着诗人自身的主观情思，与屈原自己的人生经历和表达需求有关。正因如此，《九歌》世界的美才显得如此厚重。从湘夫人和山鬼这些《九歌》里的爱情女主人公身上，我们显然看到了屈原自己的影子。《九歌》里的爱情女主人公有着共同的特点：注重修饰自己，痴情、执着，却没有完满的爱情结局。这不正是屈原自己的人生写照吗？他“纷吾既有此内美兮，又重之以修能”，天生内美，又好修为常；少年得志而深受楚怀王的信任、重用，为怀王竭忠尽智，虽屡遭怀疑、排挤，仍怀揣“九死不悔”的忠心，为其“美政”理想而上下求索，却信而见疑、忠而被谤，陷入孤立无援的政治困境。所以，《九歌》中的爱情，是屈原借神话来抒发自己的期望和襟怀，透过亲密恋人彼此等候、久候不来却始终满怀期盼的心态和失望而归的结局，抒发对理想的执着追求，以及追求幻灭的忧伤。《九歌》世界及其中的爱情描写，因着屈原本人的怀抱之意，显得含蓄蕴藉而更加意味深长。

综上，屈原的《九歌》世界绮丽多姿，情美意深，意境悠长，蕴藏着深厚的美学意味。只有读懂《九歌》，才能更加理解屈原，理解屈赋艺术的魅力所在。

在中国古代诗学史上，屈原的《九歌》开启了神话传说进入文人传统的诗化形态。神话传说进入文人传统的形态是多样化的，可以是诗意、诗化的形态，也可以是历史化、理性化的形态。前面讲到，原始《九歌》在中原北国的传播过程中，就被历史化、理性化了，剔除了其中的宗教、巫术色彩而成为歌功颂德、礼乐教化的工具。

先秦时期，在中原北国，神话传说的历史化、理性化是先秦理性精神觉醒的产物。这里，以孔子对“夔一足”和“黄帝四面”的理解来阐释神话传说的历史化、理性化的基本情形。

一、关于“夔一足”。古史中有“夔一足”的记载。当然，把夔视为历史人物还是神话中的怪物，历史上有不同的说法。从一些文献来看，夔是神话传说中的一只怪兽，它只有一只脚，所以被称之为“夔一足”。《说文》解释说：“夔……如龙，一足。”《山海经·大荒东经》对黄帝捕获夔一事有翔实记载：“东海中有流波山，入海七千里。其上有兽，状如牛，苍身而无角，一足，其出入水则必风雨，其光如日月，其声如雷，其名曰夔。黄帝得之，以其皮为鼓，橛以雷兽之骨，声闻五百里，以威天下。”可见，“夔”是像牛而无角、一只脚的兽，行走呼风啸浪，身上发光如日月，吼叫如雷鸣。但从另外一些文献看，夔似乎是尧舜时期的历史人物。《尚书·尧典》中记述舜命夔典乐，夔曰：“於，予击石拊石，百兽率舞。”夔在这里是舜的乐官。

对孔子来说，他是深信夔为历史人物而非神兽的，并对“夔一足”的说法作了别具新意的解释。《吕氏春秋·察传》中记载了孔子对“乐正夔一足”的理解。他说：“昔者舜欲以乐传教天下，乃令重黎举夔于草莽之中而进之，舜以为乐正。夔于是正六律和五声，以通八风，而天下大服。重黎又欲益求人，舜曰：‘夫乐，天地之精也，得失之节也。故唯圣人为能和，乐之本也。夔能和之，以平天下，若夔者一而足矣。’故曰夔一足，非一足也。”这里，孔子十分理性，他深信夔是人而非神兽，并且十分赏识夔乐治天下的才能，把“夔一足”解释为“有夔一个人就够了”。这样，“夔一足”的神话传说经过孔子重新断句、释义，没有了传奇色彩，得出夔为历史上才华卓著的乐官的结论。

二、关于“黄帝四面”。黄帝在神话中是一位天神，传说有四个面孔，称之为“黄帝四面”。《山海经·西山经》说：“有西三百五十里，曰天山……有神焉，有状如黄囊，赤如丹火，六足四翼，浑敦无面目，是识歌舞，实为帝江。”所谓“浑敦无面目”，即近似圆形的混沌之形，有如四个面孔。考古文献也有如：“作自为象，方四面，傅一心”的记载，说黄帝是一个“一心四脸”之神。如此看来，“黄帝四面”确为神话传说。

但孔子对此作了新的解释，《太平御览》中有一段孔子与学生子贡的对话。子贡说：“古者黄帝四面，信乎?”孔子曰：“黄帝取合己者四人，使治四方，不计而耦，不约而成，此之谓四面。”孔子把“黄帝四面”解释为黄帝派贤臣到四方治理天下。这样，“黄帝四面”完全没有神话色彩了。传说中形貌异相的黄帝成为一位部落联盟的首领，而“黄帝四面”的奇异传说，成为君臣戮力同心的动人历史。

通过上述两个例证可以看到，神话传说的历史化、理性化，就是思想家通过对神话传说的重新阐释，将其解释为现实中能够或已然发生的历史事实，剔除其中荒诞不经的非理性因素，使之合乎人的目的和理性。神话传说的历史化、理性化使得文化中那些“怪、力、乱、神”的无稽成分有了合乎目的和逻辑的明晰解释，但是也存在着掩埋、萎缩人类浪漫无稽的想象力的局限。

这种局限，在先秦神话传说历史化、理性化的大潮中，是以南国楚地神话传说进入文人传统的诗化形态来补救的。前面讲到屈原的《九歌》，远之呼应原始“九歌”，近之汲取楚地沅湘间的“九歌”，他没有以一种居高临下的理性裁判态度去审视民间神话传说，对其作合逻辑、合目的的解释；相反，以一种慕叹心态陶醉其中，以虔诚之心祭祀太阳、云雷、江河、山陵等自然神灵，没有如同中原“九歌”那样以礼乐教化的实用理性冲刷原始“九歌”的宗教迷狂色彩，赋予了每个神灵以属人的精神内涵，从而形成了一个极有审美神采的《九歌》世界。

在中国古代诗学史上，屈原的《九歌》提供了一个民间文化、神话传说以诗化形态进入文人传统的光辉典范。它与神话传说的历史化、理性化相呼应，增添了中国古代诗学的内在张力。

“天问”之思

屈原的复杂和迷人之处，在于他是一个多面的、充满矛盾的文化存在。他熟悉神话也酷爱神话，但同时又对神话保持着清醒的怀疑态度。如果说，他的《九歌》是其沉潜于民间神话传说，把神话的魅力发挥运用到极致而敷衍成的精美组诗，那么，《天问》则是其以理性怀疑主义态度走出神话和反思历史的千古奇文。

《天问》是一首由一百七十多个问题构成的问体诗歌。它通篇以问句构成，“怀疑自遂古之初，直至百物之琐末，放言无惮，为前人所不敢言”，广泛涉及宇宙、神灵、万物、历史、政治、人生的诸多问题。如此气势磅礴的长篇问句体诗歌，在屈赋和中国古代诗歌史上均属另类。

关于《天问》的创作，流传最广、影响至深的说法是“壁画题诗说”。此说源于后汉王逸《楚辞章句》的《天问》前序:《天问》者，屈原之所作也。何不言问天？天尊不可问，故曰天问也。屈原放逐，忧心愁悴，彷徨山泽，经历陵陆。嗟叹昊昊，仰天叹息。见楚有先王之庙及公卿祠堂，图画天地山川神灵，瑰玮谲诡，及古贤圣怪物行事。周流罢倦，休息其下，仰见图画，因书其壁，呵而问之。以泄愤懑，舒泻愁思。楚人哀惜屈原，因共论述，故其文义不次叙云尔。

按照王逸这段话的解释，《天问》是屈原放逐过程中看见楚地庙宇祠堂壁画，愤懑呵壁而成诗。这种解释有两点值得注意：一是楚地庙宇祠堂绘写神话和奇闻异事的瑰玮谲诡的结构形态和表现形式，触发了屈原的创作灵感，从中汲取了有益于《天问》创作的艺术养分。二是屈原创作《天问》的心理动力仍然在于舒泻愤懑、愁思，这与《离骚》相通。《天问》之所以能洋洋洒洒一百数十问，一发而不可收，乃全非屈原一时兴起而作，而是由于一种长久郁积于作者内心的心理驱动力。

但是，《天问》与《离骚》《九歌》这类典型的抒情诗毕竟不同，它是哲理诗。《天问》之美，是一种理性美，首先在于屈原作为一个睿智的哲学家对自然、历史、人生的思考过程中所迸发的理性光辉，其次才是隐藏于背后的发愤抒情。从美学角度看，美不仅是情感的感性显现，还是真理的光辉，因为探索真理，同样是人的自由生命的体现，是人的本质力量的确证。

在《天问》中，屈原以理性的怀疑主义态度，指说天地、评骘古今、辨明真理，几近囊括了一切不甚可解的怪事、大事，气势异常宏放。

1. 天地万象之理。《天问》首先从“邃古之初”问起，将历史之源上溯到渺茫难求的宇宙之初："遂古之初，谁传道之？上下未形，何由考之？冥昭瞢闇，谁能极之？冯翼惟像，何以识之？明明闇闇，惟时何为？阴阳三合，何本何化？"这些问语中蕴含着关于宇宙形成初期的一系列重大难题，包括宇宙的产生、天地与昼夜的形成、阴阳的变化，等等。屈原问道：那远古的最初状态是谁传道下来的？天地尚未成形，明暗不分、混沌一片，从何处着手考证？谁能真正认识？如果说阴阳参合形成万物，那么，哪一个是根本，又是怎样演化而成的？接着，屈原还问及天的结构、日月星辰等天体的运行以及大地的结构、地极现象，以及许多与宇宙天体有关的神话传说。例如，对曾引起人类无穷联想的月亮，屈原问道："厥利维何，而顾免在腹？"月中黑影是什么？是传说中的兔吗？

屈原以好奇、探询乃至质疑的目光思考了一系列自然哲学中的创世问题。关于"邃古之初"的问题，这一至今仍为科学家探赜索隐的科学难题，诗人一个劲地问："谁传道之？""何由考之？""谁能极之？""何以识之？"其好奇之心与探询之状跃然纸上。屈原之前，先秦智者已经开始仰望星空，叩问大地，思考天地万象了。例如，以阴阳离合转化的观念来解释宇宙万物的形成，就是战国时代非常流行的观念。但是，屈原对此似意犹未尽，仍然存有"阴阳三合，何本何化"的疑思。屈原问道：天的体制传为九重，那有谁曾去环绕度量？这么大的工程，是谁开始把它建筑？天体轴绳系在哪里？天柱安放在哪里？天与地在哪里交汇？这些诘问，实际上都隐含着作者对"九重天"的传说、"天圆地方"观念等的否定。

在有关创世的内容中，屈原质疑了三个有关人类降生的神话：一是女娲造人说。女娲是中国上古神话中的创世女神。传说她用泥土仿照自己创造了人。对此，屈原问道："女娲有体，孰制匠之？"言下之意是：如果人是女娲制造的话，那么，女娲作为人类之始祖，也应有自己的身体，又是谁制造了她呢？这种循环的追问将女娲造人的传说逼入了一个进退维谷的逻辑困境。二是商契诞生神话。契是商朝的祖先，传说他是帝喾的妃子简狄，吞食玄鸟蛋后，怀孕而生，故《诗经》有"天命玄鸟，降而生商"之说。对这个充满传奇色彩的商契诞生神话，屈原以"简狄在台，喾何宜？玄鸟致贻，女何喜"问难之。三是后稷诞生神话。后稷是周朝的始祖，传说他是姜嫄履巨人足迹后而生。对此，屈原以"稷维元子，帝何竺之？投之于冰上，鸟何燠之"批驳之。

如果说，女娲造人的传说是人类难解自身从何而来的困惑而编织的善意神话，那么，商契、后稷诞生的感生神话则是商、周两代的有权者和思想家们制造的居心叵测的政治神话。屈原之问的态度十分鲜明，无论商、周两个民族还是人类的诞生，肯定不是源自某种神秘的力量或天神。

尽管对人类历史的创世问题，在当时的历史条件和科技文化背景下，屈原无法给出正面的回答，但屈原的可贵之处在于，他能够以冷静的头脑、怀疑的态度和"真实"的原则去洞察、辨别神话传说的荒谬和流行观念的臆测、愚妄和舛误之处，并予以犀利的诘难。

2. 存亡兴废之端。这是《天问》中的历史哲学。《天问》问天、问地之后，也问及人类历史。所谓"天问"的原意是指本原性发问，它不止于叩问天地，还囊括历史，总揽人事。屈原对历史存亡兴废的思考主要是就“君权神授”的“天命”政治观作出了全新的思考。屈原问道：“皇天集命，惟何戒之？受礼天下，又使至代之？”上天把天下交给某人，为何又要经常使人替换？言下之意是，上天并不固定地宠爱某一人，它既可让人得宠，又可让人失宠；君王为了不让这种尴尬难堪的命运发生在自己身上，让无常的天命较为稳定和君位较为稳固，就应该敬命修德，自求多福。

屈原还问道：“缘鹄饰玉，后帝是飨。何承谋夏桀，终以灭丧？”夏桀对上天如此恭敬，连祭天的汤鼎都饰以天鹅美玉，却落了个灭丧的下场。而“何冯弓挟失，殊能将之？既惊帝切激，何逢长之？”后稷对上天如此不恭，上帝为什么还让其后代繁昌？这一反一正的问难，似乎是说，上天的好恶、喜怒不是决定君权久长的核心因素，重要的是君王自身的德行与能力。这隐含着诗人对天命观念的怀疑与否定，并以此来檃栝夏、商、周三代兴废更替的历史经验与教训。

3. 贤凶善恶之报。按照流俗的观念，“天道福善祸淫”，即老天爷对善人必定施福，对恶人则要降灾。可是，历史与现实似未必如此然。屈原问道：“舜服厥弟，终然为害。何肆犬体，而厥身不危败？”舜对其弟，尽心关爱；其弟对舜，却无时无刻不想害他性命，这种狼心狗肺一样的人，上天不但不惩罚，还让其安享天年，究竟是何道理？又问：“齐桓九合，卒然身杀？”齐桓公九合诸侯，功德无量，为什么到头来被人残害？还问：“彼王纣之躬，孰使乱惑？何恶辅弼，谗谄是服？比干何逆，而抑沉之？雷开何顺，而赐封之？何圣人之一德，卒其异方？梅伯受醢，箕子详狂？”纣王为何信谗害忠：比干被剖，梅伯被醢，箕子佯狂，而阿谀奉承的雷开反得封官赐爵。

在《天问》中，父害子，弟害兄，女色害政，娶不告父……种种不合礼义人伦而又成功善后、未遭天谴的例子都被屈原问及。真实的现实似乎是，贤者、善者未必善终，恶者、凶者未必恶报。于是，屈原发出了“天命反侧，何罚何佑”的惶惑与嗟叹：你天命如此反复无常，究竟要惩罚何人？又护佑何人？在喟叹中，浸透着对“天道”未有“恒情”的悲愤感。

4. 神奇鬼怪之说。《天问》除叩问天地，反思历史、社会、人生外，还质疑各类神奇鬼怪之说。例如，屈原问道：“一蛇吞象，厥大何如？”对此蛇的巨大，感到不可思议。又如：“焉有石林？何兽能言？焉有虬龙，负熊以游？雄虺九首，倏忽焉在？何所不死？长人何守？”神话传说之想象的超常态性，在这里受到质疑，而与中原儒家的不语“怪、力、乱、神”的理性精神更为趋近。

就这样，在《天问》中，屈原以一位哲学家的睿智与冷静和那种居高临下的问难气势，把宇宙间森然万象、历史上先王诸帝以及奇闻逸事，都调遣到理性精神的审判台前，辨其究竟，论其是非，揭露荒谬。

在当时的历史条件和文化背景中，屈原大怀疑的理性精神无疑有力地挑战着神学世界观。先秦时期，整个世界曾笼罩在神学的迷雾中，被予以神化。自然界和人类社会的一切存在及其秩序被认为是由神灵所创造、主宰和安排的。

而《天问》对天地万象之理的发问，冲击了神创造宇宙万物的观念；对存亡兴废和贤凶善恶之报的发问，质疑着“善必蒙福，恶必获罪，忠必见赏，邪必见诛”的伦理目的论；对神奇鬼怪之说的反问，瓦解着神话的现实合理性。《天问》不是对天帝的一种简单、情绪式的诅咒，而是颠覆着整个神学世界观，体现出人类在认识世界过程中强烈的理性精神。

《天问》虽然全篇灌注着冷静的理性精神，但还是隐含有作者的怀抱之意。首先，《天问》大气磅礴的“问天”背后，总是隐藏着一个悲怆不已的诗人自我。《天问》中的每一问，似都不是作者的无心之问，而是或隐或显地宣泄着作者的心中块垒。例如，屈原对“善必蒙福，恶必获罪，忠必见赏，邪必见诛”的深刻怀疑，对贤者未得善终的同情，对恶者未遭恶报的憎恶，不正夹杂着他自身“信而见疑，忠而被谤”政治命运的悲怆情绪吗？

其次，《天问》在其现实性上还隐含着屈原对楚国命运的关怀。《天问》从“遂古之初”的宇宙起源问起，继而问及夏、商、周三代的历史，最后以“堵敖以不长”作结，落脚于对楚国历史的关切。这种结尾是饶有意味的，似乎是屈原的刻意之作。这说明，尽管《天问》拥有广阔浩渺、奔放无稽的思维空间，但不是“神经错乱”或“情感迷狂”，而大概是屈原有意以诘问天地、历史的方式来实现批判现实、讽谏楚国政治的愿望吧。

这就是说，《天问》虽然表面上看是在“问天”，然笔底波澜之处则是屈原借问天而完成立言的宏旨。

从艺术角度看，《天问》虽然没有《离骚》那种奔放的激情，没有《九歌》的文采，但是同样存有自身独特的艺术特色，从而与《离骚》《九歌》一起，丰富着屈赋的艺术创造。按杨义先生等楚辞学研究大家的看法，《天问》鲜明的艺术特色如下：

1. 处于有序与无序之间的行文结构。就总体布局而言，《天问》的结构大抵是有序的，大致遵循着质问宇宙起源、天地结构、神话传说、夏商周三代历史，以至于楚史这么一个宏观的思路展开。但就局部的诗行和片断之间的组合看，《天问》似乎又是无序的，思维跳跃和即兴发挥之处随处可见。

例如，《天问》开头几句讲宇宙起源、天地日夜的创造，大抵遵循着由远及近、由大及小的逻辑路线；但是，问到日月神话（厥利维何，而顾兔在腹?）之后，却出现了逻辑路线的中断和跳跃，从天上潜至人间，突然问起“女歧无合，夫焉取九子”这一人类起源神话。在这一稍纵的意识跳跃和滑动后，《天问》的诗绪又重新回到对宇宙奥秘的追问：为什么天的开阖，就意味着天明天黑？角星未报晓的时候，太阳又躲到哪里去了？在《天问》中，类似的思维跳跃的例证还有其他，兹不赘举。

应该看到，《天问》行文中的某种非逻辑或超逻辑的思维跳跃，似非屈原的随意之举，而是其“烦懑已极”“触目伤心”的悲情和怀疑一切的理性精神在行文结构上的反映。只有以漫无头绪的时空对撞和反常的诗文结构，才更契合和表达出屈原内心的大悲愤、大忧患和大怀疑之道。《天问》以处于有序与无序之间的行文结构，以高度错综的时空顺序、自由出入的诗性思维，出神入化地表达了一个借天立言的伟大命题。

2. 铺陈的艺术手法。善于铺叙、讲究铺张是楚辞一个特点。而《天问》把楚辞喜擅铺陈的特色发挥到了极致。诗人以“包括宇宙，总揽人物”的巨大的超时空的意识，以学术辩难的方式，驰骋想象，上天入地，神游九州，铺陈自己对于自然、社会、历史和现实的各种疑问，组织成了一首既涵容自然社会又表现诗人自我的诗。这种铺陈的艺术手法深刻影响着后来汉赋的创作。

3. 引而不发的抒情方式。抒情是诗歌艺术的本质属性。但是，与《离骚》这类直抒胸臆的典型的抒情诗不同，《天问》作为哲理诗，除了结尾处几句披露出了深藏于诗人内心的情感外，其抒情方式总体上是引而不发的，它将意寓于问中、理寓于事中，逼人深省反思。例如，《天问》道：既然羿有贯革之射的本领，为什么竟然被人家夹攻而一命呜呼呢？对此，屈原在《离骚》中已有明确的回答："羿淫游以佚畋兮，又好射夫封狐。"羿之亡是因为他"淫游"而不遵正道。因此，诗人不是无知而发问。其所以故意设难而问之，采用有问而无答的形式，乃是要人牢记后羿荒淫、不守正道以致人亡政息的教训。《天问》终篇以诘问的形式进行，重在使人有更深的触动和醒悟，引导人进行思考，在反思中提升认识的境界。这种异于《离骚》的抒情方式，使屈赋的艺术风格更为丰富多彩，也使《天问》更具艺术的独创性。

综上，《天问》的理性美是理性思维与审美意识交融、渗透的产物。由于屈原兼有艺术家和思想家的双重品格，能巧妙地把深邃的哲理寓于奇特的艺术形式之中，既求真，又求美，中国古代文学才有《天问》这一哲理诗的杰作。

鲁迅先生曾评价屈原的辞赋，说："其言甚长，其思甚幻，其文甚丽，其旨甚明，凭心而言，不遵矩度。"这是对屈赋非常精当的评价，指出了屈赋"文丽思幻"的审美特色。《离骚》《九歌》和《天问》作为屈赋的三类代表之作，以其各自不同的审美风格为屈赋夺翠增辉，共臻瑰丽超逸的艺境。

第 3 章

坚卓纯粹的人格美

诗品出于人品，风格即人格。在中西美学史上，人们都注意到了人格对艺术作品的境界、格调起着直接的决定作用。歌德说："在艺术和诗里，人格确实就是一切。"王国维说："故尚无伟大之人格，而有高尚伟大文章者，殆未之有也。"均发现了诗品与人品的统一契合关系。

屈赋"惊采绝艳"的艺术魅力和其"与日月争光"的人格魅力互为表里。屈原的人格和他的这种绚烂、瑰丽的艺境相得益彰。如果没有他的人格作底蕴，如此华丽的艺术表现，不仅难有撼人心魄的艺术魅力，还可能会适得其反。后来的以辞藻华丽竞胜的唯美主义往往给人以浮华、空洞之感，就是例证。这也证明了，只有有充足的内涵，华丽之美才可以收到实在的审美效果。

林庚先生说："他（屈原）使得诗坛上从此有了诗人，他在诗之外争取了人的地位，人不但是诗的材料，而且人本身就是诗。"斯言甚确。屈原被尊为中国历史上第一位伟大的诗人。

所谓“第一位”，因为他之前尚无称得上伟大的诗人。《诗经》是属于族群自发的“合唱”，个体的创作个性被隐匿在群体的共性之中。迨及屈原，诗歌则不再是民间的集体创作，而是可以成为个人的事业，是个人心声的独白。屈赋，是一个具有创作自觉意识的作家的个人独咏，是屈原把个人的价值观念、理性精神、人格力量三者和楚地地域文化、楚国的民族命运结合起来，极具个性气质的一部“心灵史诗”。屈赋是带着诗人的生命体温的，突出表现了屈原的人格力量。这在作为美的创造者的诗人和艺术家中，也并非人人都能在其创作中表现自身人格的力量。屈原，正是以其“言若丹青”的发愤之文，展示了其“直若砥矢”的坚卓纯粹的人格之美。

人格，在一般意义上讲，是指人的个性、品格和操守，代表个体稳定的心理状态和精神风貌，是一个人独特的、有别于他人的思想、情感及行为的统合心理特征。人格包含气质、性格、思想、道德、理想、信仰等多方面的内容。在人格体系中，除了气质、性格部分受制于人的生理遗传因素外，其内容在本质上都是社会的产物。因此，人格有好与坏、高尚与低劣、健康与病态之分。

具体来看，健康、高尚的人格就是真、善、美的人格。人格之真，是指思想要真，做人要真，为真理而奋斗；人格之善，核心要义是指有独立自主的自我意识和利他主义的精神；人格之美，是指以宜人的形式显现出对人格的真和善的肯定和确证。所谓人格美，是人格的真、善和美的统一，是个体心意层次上的内在美，标志着个体自我完善、修养所达到的高度。

屈原“与日月争光”的人格美，同样是其人格之真、善、美的统一，在中国古代美学史上成为人格追求的理想境界与典范。袁行霈先生把屈原的人格美归结为“上下求索”“独立不迁”“好修为常”三点，笼罩了人格之真、善、美的三层次内涵，因而是非常精当的概括。

上下求索

提及屈原，“路曼曼其修远兮，吾将上下而求索”，这一出自诗人笔下的脍炙人口的诗句几近人所能吟。它以明快的语言呈现了一个在彷徨、苦闷中不断求索，大胆怀疑，追求真理，为真理而奋斗的悲壮形象。

在鸿篇巨制的自传体抒情诗《离骚》中，诗人屈原以文辞瑰丽的语言和气势磅礴、波澜壮阔的结构，向人们展示了自己“上下求索”的心魂。诗人驰骋着奇特的想象，在“周流乎天地”中经历着“重华陈辞”“上叩帝阍”“下求佚女”“灵氛占卜”“巫咸夕降”和“仆悲马怀”等一幕幕幻妙的境界，都真实地寓含了诗人上下求索的心思和遭遇，激荡着深切的现实关怀。《离骚》中的诗人形象有着浓郁的浪漫主义风姿，因为它潜藏着诗人关怀现实的急切的内在情感波涛，这就是为处在“古今一大变革之会”大潮中的楚国寻求自救之途。在“重华陈辞”中，诗人遍举三代贤君夏禹、商汤、周文王之懿德兴邦与夏桀、商纣等昏君之恶行亡国的史实，就是希图以总结历史的正、反经验为鉴，为楚王和群臣治理国家提供历史的明镜。

表面上看，《离骚》中的诗人上天入地，叩阍求女，畅游天国、神界，有着无比浪漫的情调，然而它实际上是一位有着高度热忱的存君兴国之心和遭遇政治挫折、失意的士大夫在想象世界中积极的人生奔走与探索。诗人不屈不挠，虽受到帝阍、佚女的冷遇，吃了闭门羹，却丝毫没有动摇自己的求索之心。所以，这种浪漫主义，愈是显得格调明快、神奇怪诞，结局不佳，愈是令人唏嘘不已，为诗人的求索之心而倍感心灵的战栗。

在漫漫的求索之途中，诗人的意志之坚定有如“峙立于不断拍打的巨浪之前的礁石，它岿然不动，驯服着它周围海浪的狂暴”。在屈原与黑暗、腐朽势力作斗争和难以受到楚王重视的过程中，他不是没有接受到来自他人的善意的忠告与建议。譬如，女媭：

> 女媭之婵媛兮，申申其詈予，曰：“鲧婞直以亡身兮，终然殀乎羽之野。汝何博謇而好修兮，纷独有此姱节？薋菉葹以盈室兮，判独离而不服。众不可户说兮，孰云察余之中情？世并举而好朋兮，夫何茕独而不予听？”

女媭把鲧因刚直、奋不顾身的个性却落了个惨遭杀害、暴尸于野的下场当作典型，来劝谕屈原不要走他的道路；并且，质问诗人：为何处处直言喜好修洁？为何世人都起而结党营私，你却保持独立？对于自己选择的这条异常崎岖的道路，即讽谏楚王、鞭挞腐朽的保守势力，以此来抚壮弃秽、存君兴国，屈原不是没有考虑到艰难和后果。然而，女媭的劝告和责怪并没有使诗人挥不起意志的宝刀。当他的特立独行得不到女媭的理解时，诗人便走向旷野，走向历史深处，开始了上天入地的求索历程。

然而，无论上天还是入地，诗人的求索都没有理想的结果。于是，便有了灵氛和巫咸的建议：

索穷茅以筳篿兮，命灵氛为余占之。曰："两美其必合兮，孰信修而慕之？思九州之博大兮，岂唯是其有女？"曰："勉远逝而无狐疑兮，孰求美而释女？何所独无芳草兮，尔何怀乎故宇？"

巫咸将夕降兮，怀椒糈而要之。百神翳其备降兮，九疑缤其并迎。皇剡剡其扬灵兮，告余以吉故。曰："勉升降以上下兮，求矩矱之所同。汤禹严而求合兮，挚咎繇而能调。"

灵氛和巫咸都以"两美遇合"的历史佳话，如商汤、夏禹严谨地访求志同道合的人，伊尹、皋陶君臣二人通力合作之类的故事，劝说诗人未必要始终眷顾、依恋故土。既然笃信自己的才能与美德，那么九州之大，何愁没有赏识自己的有情人呢？这番善意的劝说后，到底是固守楚地还是远走他乡，对屈原的意志不能不是一种严峻的考验。此番劝说后，诗人有过远游的闪念，但是他终究"身固难徙"，对旧国故都的不舍使诗人最终没有能抬起出走的脚步。

英国著名诗人雪莱说："唯有人，能凭着意志的力量与天地争光辉。"屈原正是这种人的最杰出的代表之一。屈原的求索是在一个黑暗时代里的一个人的斗争。面对楚国板结的腐朽政治和保守势力，屈原的新政形同蚍蜉撼大树，要产生动摇性的影响是异常艰难的。人本来是社会性的动物，只有得到了他人的认可和支持，才是最有力量的人。既没有楚王自始至终的支持，又与同僚格格不入，屈原只能是行走在楚地的一名孤独者。

这种孤立无援的情绪对人的意志是非常严酷的考验。狄德罗说："忍受孤寂或比忍受贫困需要更大的毅力，贫苦不过是降低人的身价，但是孤独就会败坏人的性格。"但是，屈原忍受住了"孤独"的煎熬，甚至最后以赴身清池的生命自决为代价，也没有向紧逼的"孤独"情绪投降。在《离骚》中，他吼出了"亦余心之所善兮，虽九死其犹未悔""虽体解吾犹未变兮，岂余心之可惩"的铮铮誓言，丝毫没有和光同尘、变心从俗的犹疑。这种与"孤独"作抗争的意志，与当时楚国政坛明哲保身、结党成群的沉沦相比，确实是黑暗王国里的一丝亮光。

在《离骚》中，诗人腾涌澎湃的激情，謇謇不舍的明志，心谒前贤的陈词，周历天下的倾诉，所表现的都是诗人的执着求索。这不是屈原"性情狭狷""虽忠亦痴"，而是基于他心中坚定的信仰。这种信仰的笃定缘于屈原对自身政治理想的真理性的确认和固守。

屈原对自己的政治理想是非常自信的，美其名曰"美政"。历史地看，以举贤授能、修明法度为核心举措的"美政"是符合时代发展的规律和要求的，并且在楚国的实践中取得了阶段性成果。屈原的"美政"实施后，曾使楚国一度出现了国富民强的景象和威震诸侯的影响力，成为"合纵连横"军事、外交风云中的轴心国。因此，屈原的政治理想是经得起历史和实践检验的。

在人格体系中，思想、观念处于核心地位。人的思想、观念是否为真理，直接决定着人格境界的高低。一个人只有掌握了真理，成为一个洞察时代潮流的智者，才能在改造自然和社会中萌发出一往无前的勇气和力量。一个人如果没有正确的思想作支撑，对自己所从事、追求的事业的价值和真理性仍心存疑惑，就不可能有坚定的意志和信仰。懦弱还是刚强，依附还是独立，悲观还是乐观，很大程度上取决于人的思想状态。

屈原人格的坚卓首先源于他思想的真理性，因着这种真理性，才有了屈原对自己“美政”理想的锲而不舍的求索，才使他那种在常人看来近乎偏执、迷狂的求索精神不至于滑入自负、愚昧的虚假之中。屈原的人格之所以为真而非假，就在于他掌握了时代的政治真理，有合乎时代潮流的政治理想的武装，进而使他能够在黑暗的楚国有了冲决罗网的智慧和力量。思想之真，赋予和提升了屈原人格的境界和价值。

屈原是一个热情的诗人，有着诗人那种赤子般的“童心”，热情如火而又不善计较，浑身上下充满着“敢教日月换新天”的激情乃至幻想。这成就了屈原人格之真的另一方面：为人真诚。

客观地说，屈原虽然拥有合乎时代发展要求的政治理想，但他本人并不具备政治家的素质。政治是权力和利益的博弈和平衡，不擅长于运用权力之术者，大抵都会败下阵来。屈原没有韬光养晦的政治城府，而是锋芒毕露。他可以毫无掩饰地把担任左徒时“入则与王图议国事以出号令，出则接遇宾客应对诸侯”的无限风光，展示在他的暂时处于政治下风的政敌面前。他似乎没有想过：自己形于言表的得意映入他人眼中，是否会引起那些暂时落寞的政敌们的情绪对抗？屈原也没有以柔克刚、以退为进的政治智慧和利益博弈的韬略。他的举贤授能、修明法度的宪令和政治改革，既未顾及保守势力的情绪和利益，尤其是在损害了对方利益的情形下，更未采取利益让渡的变通策略来安抚和补偿保守势力的情绪和利益。

这种激进主义的改革姿态，是一个政治家不成熟的表现，倒更接近于诗人的浪漫和天真。在波谲云诡的官场中，屈原几近裸存其中，既无自我保护的意识，也无防人之心，更无害人之意。由于没有政治家那种城府、权变和处理政治、人事纷争以及利益博弈的能力，所以，佞人的几句谗言就使他经受不起，并最终被排挤出政治权力的中心。诚如何念龙先生所说，尽管屈原主观上企求成为一位政治家，但他本质上是一位诗人，这是其人生的悲剧之所在。

失却了作为政治家的城府和韬略，屈原收获了作为诗人的激情和真挚。在屈原的政治生涯中，得意时风光满面，失意时哀怨呼号，这其中没有任何的人格掩饰，完全是生命即时状态的自然流露。这种率性、真挚，使屈原的生命画像增添了几分赤子般的可爱。真使人格高尚，假使人格卑劣。在封建政治的官场染缸中，屈原身处其中，却没有沾染政客们常见的圆滑和八面玲珑的习气，依然保持着诗人的本色和真诚，这大概也是他受后人敬仰的原因吧。

屈原身上那种似乎不曾枯竭的上下求索的激情，也得助于他的人格之真。屈原宛若一童子，没有计较打算地生活，多率性而为。他为楚国寻找出路而求索，是不顾利害的。他那种显暴君过和讽刺同僚的勇气和言论，神似《皇帝新装》中那个小孩的无邪与天真。若换成政客们的实用理性和利害打算，恐怕屈原的那种求索精神难以演绎得如此惊天动地。

屈原并不是一个无法左右自己命运的弱者。作为变法的失败者，在严酷的政治斗争中败下阵来后，他有很多的选择来成全自己美好的余生，或如儒家孔子、孟子和荀子那样退而授徒讲学、著书立说；或如道家庄子那样逍遥于自然，相忘于江湖；或如苏秦那样辗转于各诸侯国之间，寻求任用，换取功名。但是，屈原并没有像这些人那样通脱，在与时推移中求得地位与发展，而是在“成也政治，败也政治”的单一人生中消受余生，直至生命终结。

人都有趋利避害的本性，都有最大限度地寻求施展自己才华和实现人生价值的权利和选择。屈原却甘愿在如此单一、坎坷、苦闷的政治人生中消耗了自己的一切，这其中是否有幸福可言，不得而知。唯一可以确定的是，屈原确实超越了常人那种趋利避害的本性的束缚。为了寻求楚国的出路，他不顾自身的祸福，选择了一条讽谏朝政、与腐朽势力相抗争的漫漫长路。这是一条既不讨好他人，也无益于自己的道路。“苟利国家生死以，岂因祸福避趋之。”这句话是适合用来评价屈原的人生选择的。

屈原上下求索的精神动力，大致有两方面：一是追求自我价值的实现。屈原是一个具有非常强烈的自我意识的人。从心理学的角度看，自我意识作为一个人对自己的认识和评价，是一个体人格意识中非常稳定的心理特征，它影响甚至决定着一个人一生的价值观念和精神特征。在《离骚》中屈原自述：“帝高阳之苗裔兮，朕皇考曰伯庸。摄提贞于孟陬兮，惟庚寅吾以降。皇览揆余初度兮，肇锡余以嘉名：名余曰正则兮，字余曰灵均。”这八句追述世系、生辰、名字的诗，实际上是诗人自我确证和自我期许的一种潜意识的反映。与楚同宗的高贵血统、德配天地的降生吉日和合乎中正的嘉名，被诗人自视为与生俱来的“内美”，这表明它们对诗人自我人格和价值观念的确立和坚守已经形成了心理上的暗示和感情上的支撑，显示了天生我材、天予我德的自豪、自信与自强。在这种强烈的自我意识的支配下，诗人有着明确的实现自我价值的目标：“乘骐骥以驰骋兮，来吾导夫先路。”即为楚王前驱，来寻求振兴楚国的出路，在政治上实现自己的人生价值。

二是对楚国历史、现实和未来的使命感、责任感和忧患意识。屈原追求自我价值的实现是同关注楚国的历史、命运联系在一起的。楚人建国，并非如中原诸侯那样凭借世袭的恩宠而分土立国，而是靠一代代楚人跋山涉水、披荆斩棘、浴血奋战来开拓自己的基业。《左传》昭公十二年记载了子革对楚灵王说：“昔我先王熊绎辟在荆山，筚路蓝缕以处草莽，跋涉山林以事天子，唯是桃弧、棘矢以共御王事。”这一筚路蓝缕的拓土建国史是楚人建国的真实写照，也是楚人塑造民族精神的教材。《左传》宣公十二年记载：“楚自克庸以来，其君无日不讨国人而训之于民生之不易、祸至之无日、戒惧之不可以怠；在军，无日不讨军实而申儆之于胜之不可保、纣之百克而卒无后，训之以若敖、蚡冒筚路蓝缕以启山林。”这种如临深渊、如履薄冰的忧患意识，以及拓土建国的蛮干和进取精神，被有意地武装到国人、军人的思想意识之中，在某种程度上已成为楚人的民族精神性格。

处于楚国衰落时期的屈原仍然守持着楚人的开拓进取精神。他在《离骚》中开篇就以“帝高阳之苗裔”介绍自己的世系，并以此自居，说明他潜意识中对楚国曾有的辉煌颇为自豪与怀念。楚国有过筚路蓝缕的艰辛的创业史，有过楚庄王问鼎中原的自信和霸气。然而，屈原时代的楚国毕竟今非昔比了。国内，党人偷乐、楚王软弱、贤才变节；国外，敌国虎视眈眈、大兵压境。这一切使楚国的命运危在旦夕。追念国家曾有的光荣和忍看国家倾危的现实，这种强烈的反差特别容易激发屈原心中的忧患意识和续写楚国辉煌的使命感和责任感。所以，屈原反复表白了“乘骐骥以驰骋兮，来吾导夫先路”的辅君之志、“长太息以掩涕兮，哀民生之多艰”的恤民之情，以及“岂余身之惮殃兮，恐皇舆之败绩”的舍身、忧国情怀。因此，屈原追求自我价值的实现，已经超越个体的利益而与楚国的命运关联在一起，注入了鲜明的恤民、变法、强国、统一的“时代激情”。

屈原对自我和国家的双重固持，不仅构成其上下求索的精神动力，而且引爆了他内心强烈的政治激情，促使着他几乎固执地选择献身于政治这一单一的人生道路来实现自己的价值，此外似乎别无他途。在某种意义上讲，政治作为推动国家发展的核心动力和主脑，对社会生活的方方面面都有着牵一发而动全身的影响。这样，成为一位有作为的政治家，与献身于其他行当相比，似乎是一个人最大限度地实现个体价值和社会价值的最直接且效应最明显的道路。在战国末期，确乎没有谁像屈原那样沉醉于政治的悲欢中不能自拔。他既感念曾经受楚王信任、锐意改革的得意时光，也毫无掩饰地呼号从政治场上出局的怨愤、悲凉与迷茫。屈原将自己的命运系于楚国政治一途，以政治为生命的全部。当楚国的气数将尽时，屈原的生命大限也同步而至。可以说，这种强烈而单一的参与现实政治的执着信念，是屈原沉浸于楚国的历史文化、现实命运与其个人命运相交织的产物，堪称政治神话。

屈原不仅是一位热情的政治家和诗人，还是一位理性的哲学家。《天问》非常集中地表现了诗人叩问天地、社会与历史的大怀疑、大愤懑的探索精神和理性精神。《天问》以问句的形式提出了一百七十多个问题，所提的问题大致包括两类：一是“天道”；二是“人道”。具体来讲，如林庚先生所说，《天问》问的是“开天辟地大自然的历史”和“上古各民族的兴亡史”。阅读《天问》，明显会发现它与《离骚》这类用以宣泄愤懑之情的抒情诗是明显不同的，更近似哲理诗。恰当理解《天问》的创作意图，关键是辨清“天”的含义。在上古典籍中，“天”有至高无上和命定的意思。在先秦思想意识形态领域中，神学论的世界观曾非常盛行，自然和人间的秩序都被认为是被上天安排好的。《天问》之“天”大概有两层意思：一是自然物质之天，二是人格命运之天。但无论哪个意义层面上的“天”，都包含有天理、法则、命定的意思。

因此，屈原的《天问》并非仅仅拿苍天作对象来问上几个探索性的问题，而是包含着对神学论世界观的怀疑和反抗，蕴藏着对自然、历史和人事中的命定秩序的质疑和愤懑。清人王夫之对《天问》主旨的解释比较通达：“（屈）原以造化变迁、人事得失，莫非天理之昭著；故举天之不测不爽者，以问憯不畏明之庸主具臣，是为天问，而非问天。”就是说，按天命论，大自然的变化和人事的得失都是昭然若揭的，都可以从天命论中求得合理的解释，然而天帝的至洁性、至善性和至公性并未真正兑现，存有“不测不爽者”，甚至有重大的偏离。屈原正是对天帝所给予的自然和人事之安排的动机和结果表示怀疑，所以名之为“天问”。这种理解，应该说比较贴近屈原写作《天问》的真正用心，反映出屈原博大深邃的怀疑精神和探索精神。

尽管屈原由于得不到君主的信任和同僚的支持，并未能扭转楚国江河日下的局面，然而，他那种上下求索的精神以及体现在这种精神之中的人格之真，仍然是十分宝贵的，并给后世那些处于困苦、彷徨、迷茫中上下求索的人们以无穷的精神力量。

独立不迁

独立不迁，是屈原人格美的又一核心内涵。它是人格体系中人格之善的表征，即拥有独立自主的自我意识。独立不迁，这四个字出自屈原的作品《橘颂》。诗人以橘自喻，咏物言志，通过咏唱橘树的形象和物性，以拟人化的艺术手法，表达了自己独立不迁的志趣。清人林云铭对《橘颂》咏物言志的艺术特征说得十分精辟：“一篇小小物赞，说出许多道理。句句是颂橘，句句不是颂橘。但见（屈）原与橘，分不得是一是二，彼此互映，有镜花水月之妙。”

诗歌开篇就赞美了橘的受命不迁、深固难徙的美好品质：“后皇嘉树，橘徕服兮。受命不迁，生南国兮。深固难徙，更壹志兮。”首句着一“嘉”字，奠定了全诗对橘树的赞美之情。在诗人眼里，橘树是皇天后土所孕育的美树，生来就适应这方水土，具有与生俱来的独立不迁的禀性。我们知道，橘树之所以具有故土难离的天性，是因为它的生存有为地理环境所限制的一面。橘之为橘，就在于它生于南国，如果逾淮而北，则化而为枳，不可为橘了。这正是诗人以橘自喻的生活基础。诗人正是看到了橘之为橘源于特定水土之哺育的客观性，才引橘自喻而言志。

《橘颂》接着写道："绿叶素荣，纷其可喜兮。曾枝剡棘，圆果抟兮。青黄杂糅，文章烂兮。精色内白，类可任兮。纷缊宜修，姱而不丑兮。"这五句从橘的叶、花、枝、果的方方面面，集中描述、突出了橘树之枝坚、叶绿、花白、果实的气韵。橘树从外表到内质都有如此美好的禀赋，自然引来诗人由衷的赞美之情：

嗟尔幼志，有以异兮。独立不迁，岂不可喜兮！深固难徙，廓其无求兮。苏世独立，横而不流兮。闭心自慎，终不失过兮。秉德无私，参天地兮。

诗人赞道：南国的橘树哟，幼年的志向就与众迥异。你独立于世不肯迁移，这志节岂不令人欣喜！你根深本固难以移徙，心胸开朗超脱而无所欲求。你清醒地超然自立，横绝独行决不俯从俗流。你坚贞自守谨慎自重，何曾有什么罪愆或过失。你那无私的品行哟，可与天地参配。

如果说《橘颂》的前半部分重在赞美橘的外表与物性，是人颂橘，那么在上述文字中，即《橘颂》的后半部分之重心则是咏橘而颂人了。就是说，随着诗人情志的渗透，橘由作为诗人赞美的对象悄然转变为烙下具有浓郁的诗人人格情志的存在了。所谓"嗟尔幼志，有以异兮"，明显是诗人的自况，是以橘树从小就有特异的好习性，隐喻自己青少年时代就有与众不同的好志趣。所谓“苏世独立，横而不流兮。闭心自慎，终不失过兮。秉德无私，参天地兮”。这句话更近于直接的言情说志了。这些抽象的志节品德显然已不是橘树的自然禀赋所带有的，而是人的社会属性所独具的了。“秉德无私，参天地兮”一句，更是诗人浪漫气质的闪光，将自己立身行事的志德放置到与天地相参的高度，反映出诗人意欲与天地比德的价值自期意识。

人、橘如此的志趣相投，故在《橘颂》的结尾部分，诗人直率地表达了人橘为友、与橘共勉的真诚心愿：“愿岁并谢，与长友兮。淑离不淫，梗其有理兮。年岁虽少，可师长兮。行比伯夷，置以为象兮。”就是说，我愿在以后的岁月里，能与你长做坚贞的友人。你秉性善良从不放纵，就像那橘枝坚挺且纹理清纯。虽然你现在年纪还轻，却已可做我钦敬的师长。你的品行堪比伯夷，将永远是我立身的榜样。

近代以来仍存疑是否为屈原所作的《渔父》一篇，可以从一个侧面反映屈原“独立不迁”的精神品格。《渔父》所描写的是屈原生命接近大限时的故事，因此这也很能说明屈原把青少年时代立下的“独立不迁”的品格践行到了生命终结之时。屈原赴死的途中曾见一渔父。渔父问他何以被放逐，何以如此憔悴，屈原回答说：“举世皆浊我独清，众人皆醉我独醒，是以见放。”然后，渔父说出一番很有道理的话来，他说：圣人不对事物抱固执的看法，所以能与世道共进退。世人皆浊，何不随波逐流？世人皆醉，何不与世同醉？你何苦深思忧虑，远离尘俗，遭此放逐？对此，屈原答道：我听人说，人新洗了头，总要掸去帽上灰尘；洗了澡，总要抖掉衣上尘土。这是不能让干净的身体受脏东西的玷污。我宁愿赴身湘水，葬身鱼腹，又怎能以我皓白的贞洁人格去蒙受世俗的污垢呢？渔父听后，莞尔一笑，鼓桨而去，歌曰："沧浪之水清兮，可以濯吾缨；沧浪之水浊兮，可以濯吾足。"遂去，不复与言。

屈原与渔父同处乱世，却表现出截然不同的形色：屈原"颜色憔悴，形容枯槁"，渔父"钓鱼江滨，怡然自乐"。这种外在的形色之异反映出二人内在精神状态的不同。渔父大概为如楚狂接舆一类的隐士，他虽不满社会，但他的态度却是无原则的和光同尘、不谴是非，以与时推移的方式来换取现实的生存快乐。这种走向山林、闲云野鹤式的隐居、避世哲学虽然超脱，却是以牺牲人之为人的社会性为代价来获取的。渔父这种"随波逐流"的圣人之道是屈原所无法效仿的。其实，屈原认识到了，在"举世皆浊、众人皆醉"的社会中，自己"独清、独醒"的"高举深思"是自己见放的原因。这说明，屈原的独立不迁非一时的负气和情感冲动，而是一种理性抉择。渔父式的生存态度与方式，并非屈原所不能为，而是不愿为，甚至不屑为。他甘愿承受"举世皆浊我独清，众人皆醉我独醒"的孤独之感，甚至"宁赴湘流，葬身鱼腹"，亦要捍卫自己的独立个性和尊严。这种舍生守志的人格抉择，是全性保真的渔父所不能理解的。所以，渔父只好莞尔微笑，鼓桨而去。而屈原却以生命的自决践行了自己向渔父表白的舍生守志的诺言，拒绝了向浊世投降、逃避和苟活，坚定地恪守了自己的人生信仰。

在战国后期的历史文化氛围中，屈原的独立不迁在士格和国格两方面都给人以耐人寻味的心灵震撼力。春秋战国时代，最引人瞩目的文化现象是出现了一个“士”阶层。尽管“士”的素质参差不齐，既有“士为知己者死”之辈，也有鸡鸣狗盗之流，但是“士”之为“士”的最大特点是“游”，称为“游士”。所谓“士无定邦”“士无定主”之说，正反映了“士”的存在特点。只要有用武之地，随处可以施展才华，没有人身依附关系束缚“士”的活动。孔子周游列国、骋说四方、“干七十余君”是妇孺皆知的事实。拥有“六国相印”的苏秦更是时代佳话。苏秦最初以连横之策游说秦王，遭到失败，转而变换策略，以合纵之术游说六国之君取得成功，展现出一种不拘泥于一邦一主、一说一见的灵活性。这种自我实现的急切心态和圆通应变、择主而栖的通达是战国时代士人的普遍现象。

就是屈原所生活的楚国，“楚材他用”的现象亦不乏其例。典型者有伍子胥、李斯和吴起。伍子胥本为楚人，父、兄为楚平王所杀，携家仇出逃吴国，发誓必倾覆楚国，最终成功地借助吴国之师，伐楚攻郢，将楚平王的尸体挖出来鞭打泄恨，报了杀亲之仇。李斯同样为楚人，认为楚王无所作为，不甘寂寞，赴秦施才。《左传》襄公二十六年记载：“晋卿不如楚，其大夫则贤，皆卿材也。如杞梓、皮革，自楚往也。虽楚有材，晋实用之。”楚国大量人才外流为别国所用，以至于“楚材晋用”成为一个成语。而楚国同样有礼贤他国之士的襟怀。吴起虽为卫人，素闻楚悼王礼贤下士，至则相楚。

在楚材晋用、士无定主的历史文化背景下，“事君不二”的忠君观念、死守“父母之邦”的宗国观念逐渐为多数士子所淡化。农业社会“安土重迁”的心理似乎也没有对多数士子构成太多的身心羁绊。相反，“天下为一”的家国观念被越来越多的士人所接纳。

在朝秦暮楚、客卿横天下的时代潮流里，屈原是一个“异类”。尽管他也有过“观乎四荒，欲之他国”“远逝自疏”、眺望异国君主的游念，但却被“鸟飞反故乡兮，狐死必首丘”这一浓厚深重的宗国情感和恋君情结所抹去。这是对游士们“弃天下如弃敝屣”的士格和国格的双重否定。

其实，在战国时代的背景下，以屈原的才华，何愁没有用武之地？战国时代是一个十分重“士”的时代，有着浓厚的尊重人才的良好氛围。各诸侯国为了称雄争霸，皆广纳贤才、求贤若渴。燕昭王筑黄金台以求贤才绝非一种姿态，孟尝君拥有门客三千亦是事实。在这种不拘一格纳人才的氛围里，许多有才智的“士”往往平步青云。因此，屈原只要愿意走出国门，完全可以续写自己政治生命的辉煌。

司马迁说：“屈原以彼其材游诸侯，何国不容？而自令若是。”这“自令若是”就是指屈原的独立不迁。面对家国和君主，屈原总是“深固难徙”，显得异常严肃、深沉，而难以像当时许多游说之士那样，纵横捭阖，奔走于各诸侯国之间。这其中的原因，首先恐怕与屈原的物质生存条件有关，诚如何念龙先生所说：“在任何社会里，一个人的经济地位往往可以决定其政治态度与价值取向，我们不必将屈原看成绝对超凡脱俗的圣人，他也难免会受到难以摆脱的经济规律的制约，这是屈原与当时许多士人相比较的一个重要差异。”屈原毕竟曾经担任过政治要职，可以想象，他应不是那种贫穷无以自存的寒士。这种相对优越的物质条件，使屈原不必要以自己的才华去赚取衣食之资，允许他对自己的政治选择保持几分理想主义的色彩。

这与苏秦这类寒士是不大相同的。如苏秦，乃一介书生，不过是“穷巷掘门桑户棬枢之士”，未功成名就之前，过着忍辱负重的苦读生涯，饱受人情冷暖。贫贱出身和含辛茹苦的底层生存体验，使他们体味到名利的重要性，因而要急切且机变地寻求那些能使自己发挥才华的国度、君主，去换取功名以自存。如吴起者之流，为了最大限度地追名逐利和自我价值的实现，都到了背母杀妻、大义灭亲的地步。可以想象，要这类寒士甘为寂寞而固守着一国一君，显然很难。这种现实的生存催逼铸就了这些寒士们价值选择的现实主义品格和职业政治家的色彩。

其次，进而言之，与这些寒士们把政治当职业相比，屈原把政治当成了理想。屈原献身政治的第一性动机，不是换取功名利禄，而是背负着楚民族强国、统一的时代理想。前面曾讲到，与中原文明的老成持重相比，楚文明是积极进取的开拓者文明。同时，与中原文明的中心地位相比，楚文明又是后起的边缘文明。这种边缘者的身份反弹出楚民族对文明中心地位的渴求。在战国后期民族大融合、天下走向一统的时代大潮中，楚国一直梦想着能够受命于担当统一天下大业的重任，成为这股潮流的主宰者。早在春秋时代，楚庄王问鼎中原，成为春秋五霸之一，这是楚人引以为自豪的历史记忆，并积淀为深藏于楚人内心深处的强国统一的民族激情。

钟仪南冠楚囚的故事就是楚人浓厚的爱国之情和民族自豪感演绎出的民族佳话。“南冠楚囚”的故事是这样的：楚共王七年，楚国攻打郑国，钟仪随军出征。楚国战败，钟仪沦为战俘，成为“楚囚”。虽然做了阶下囚，但钟仪的头颅依然高昂，弹楚曲、戴楚帽、爱楚君，有诚有信，不忘根本，每天正冠沐面，朝南而坐，遥视楚国，遥想故园。

屈原对楚国历史是熟稔于心的。与楚同宗的王族身份，使他对楚国特殊的民族身份和境遇有着更为强烈的荣辱与共的认同感和担当意识。

由上看来，相对优裕的物质生存条件、特殊的王族身份尤其是背负独特的民族理想，决定了屈原不能像同时代的许多游士那样做到“无处不可仕”的洒脱。他所肩负的民族重任已经容不得他的逍遥，只能把政治当成理想而不是谋取现实名利的职业，将自己的才华贡献给楚国一隅。理解于斯，屈原对楚国的忠贞不贰，对楚王的始终眷恋，对美政的执着追求，往往都一往情深，就是不难理解的了。

可以说，屈原是忠君爱国的楷模，是他第一次使忠君爱国这一伦理情感成为可以让人触感的现实品格。历代以来，人们对屈原人格的评价争论不休、褒贬不一，唯有屈子忠君爱国的品格能为人们所普遍认可、接受。司马迁曾评价说：“屈平正道直行，竭忠尽智以事其君。”朱熹说：“原之为人，其志行虽或过于中庸而不可以为法，然皆出于忠君爱国之诚心。”洪兴祖说：“（屈原）虽被谗见疏，引身自退，而惟知爱其邦国，冀君之一悟……斯以为千古独绝之忠臣。”班固对屈原虽有所批评，但他也说：“屈原痛君不明，信用群小，国将危亡，忠诚之情，怀不能已。”

这里有一个问题，即：屈原独立不迁的人格美表现为“宗国忠君”，岂不矛盾吗？因为在中国古代的君臣关系中，所谓

"忠君"，在某种意义上就意味着为人臣者在绝对君权的威逼利诱下对自身独立人格的放弃与消解，委曲求全、忍气吞声是多见的情形，其极端情形甚至为"君要臣死，臣不得不死"。但是，屈原"宗国忠君"是以维护自己的独立人格为前提的。为了实现政治理想，屈原没有放弃人格尊严、屈辱权贵和不择手段地苟为。

在屈赋中可以看到，屈原虽然曾一再向君权表忠，但其桀骜不驯的精神个性并未泯灭。当思君而不得，屈原选择了退而葆养人格的内美。《思美人》正反映了屈原这一心路历程：

> 思美人兮，揽涕而竚眙。媒绝路阻兮，言不可结诒。蹇蹇之烦冤兮，陷滞而不发。申旦以舒中情兮，志沈菀而莫达。原寄言于浮云兮，遇丰隆而不将。因归鸟而致辞兮，羌迅高而难当。
>
> 高辛之灵盛兮，遭玄鸟而致诒。欲变节以从俗兮，愧易初而屈志。独历年而离愍兮，羌冯心犹未化。宁隐闵而寿考兮，何变易之可为！知前辙之不遂兮，未改此度。车既覆而马颠兮，蹇独怀此异路。勒骐骥而更驾兮，造父为我操之。迁逡次而勿驱兮，聊假日以须时。指嶓冢之西隈兮，与纁黄以为期。
>
> 开春发岁兮，白日出之悠悠。吾将荡志而愉乐兮，遵江夏以娱忧。揽大薄之芳茝兮，搴长洲之宿莽。惜吾不及古人兮，吾谁与玩此芳草。解萹薄与杂菜兮，备以为交佩。佩缤纷以缭转兮，遂萎绝而离异。吾且儃佪以娱忧兮，观南人之变态。窃快在中心兮，扬厥凭而不竢。芳与泽其杂糅兮，羌芳华自中

出。纷郁郁其远蒸兮，满内而外扬。情与质信可保兮，羌居蔽而闻章。

令薜荔以为理兮，惮举趾而缘木。因芙蓉而为媒兮，惮蹇裳而濡足。登高吾不说兮，入下吾不能。固朕形之不服兮，然容与而狐疑。广遂前画兮，未改此度也。命则处幽吾将罢兮，愿及白日之未暮也。独茕茕而南行兮，思彭咸之故也。

这大概是屈原绌居汉北时所作。此时屈原虽已流放，仍眷顾楚国，心系怀王。诗篇首句即以“思美人”领起，传达出强烈的思君之情。“美人”谓君，是屈赋一贯的修辞。诗人日复一日地思念，眼泪揩干仍久立伫望。由于“媒绝路阻”，想说的话既无法成章，也寄送不出去。然而，郁结于诗人心中的烦闷怨苦，积滞成强大的情感之流，使诗人的倾诉心理欲罢不能，以致心生幻觉。他幻想托浮云寄言，但云师丰隆不予理睬；想借归鸟传书，但它飞得又快又高而难以遇上。

面对托言无门的挫折，诗人非常羡慕帝喾高辛氏能遇上玄鸟为其传情的旺福好运，甚至有了变节从俗的意念，但旋即又为自己这种“易初而屈志”的想法感到羞愧。我们可以看到，从这里开始，诗人的心迹有了微妙的变化，开始由强烈的“思美人”退而转变为对自己志节的坚守了。

故接下来，诗人写道：自己虽历经祸患，满腔愤懑未尝化解，但宁愿隐忍失意以终老，也不能轻如反掌地做有违情志初衷的事；明知正道不行，也还是不能绕道而走；尽管翻车跌马，仍然要怀抱这一条与世俗殊异的道路走下去。于是，选骏马、聘良御，从容前行，以须日待时。这些抒写，都是渲染诗人百折不挠的独立意志和知其不可而为之的精神。从这样的抒怀中可以感受到，诗人内心慢慢消退了思君不得的怅惘之情，倒是有了几分自我坚守的亢奋，甚至是自我陶醉了。

故在诗篇的第三段中，诗人的心境似乎一下子旷达起来。在“开春发岁兮，白日出之悠悠”一句中，诗人以一种明朗的格调交代了一个白日悠悠、万物复苏的早春气象。春天是充满希望、生机的季节，这环境、时令正与诗人舒阔的心境交相契合。在这样美好的早春时节，诗人放怀而快乐，沿着长江、夏水悠游，在树丛、河洲采撷香芷、宿莽，充满着忘却政治烦忧的轻松与惬意。

这种春天里的畅游唯一美中不足的是，诗人感觉自己没有知己相伴、同游，一起赏玩芳草。因为世俗的人偏爱恶草杂菜且满身佩戴，倒将芳草弃绝不用，以致枯萎而死。这就是诗人所说的“南人之变态”。这种世俗的弃美存恶的变态、反常行为，一下子触发了诗人内心的芳草情结。他坚信，芳草即便身处污秽的环境之中，仍能卓然自见，芳质难污，终会散发出馥郁、远扬的芬芳。诗人对芳草美质的褒扬，当然是夫子自道，是对自我道德与人格的自信与自持。

以这种独立人格的自信与笃定为精神根基，诗人根本不屑于从俗求媒以获得“美人”的一己之顾。诗人想令薜荔藤做媒人，却担心像薜荔藤那样缘木而生，虽登高枝但失去自我的独立品格。他想寻求芙蓉做媒人，但又怕下水撩起裤脚沾湿了脚。所以，“登高吾不说兮，入下吾不能”，即趋炎附势去攀高枝，我不高兴；混同世俗，我又不能。对屈原这种有“洁癖”的人格追求，汉人王逸精当地概括为：“事得上位，我不好也。

随俗显荣，非所乐也。”言下之意，保持人格的高洁比任何权势、荣华和功名都珍贵。

诗至此，诗人自我的独立人格意识几近膨胀。故而，在诗人心灵的天平上，那个曾经为自己朝思暮想的“美人”似乎慢慢失去了分量，其影像也模糊起来。与此同时，另一人“彭咸”的身影在诗人脑海里逐渐明晰起来，对诗人充满着无限的精神感召力量。彭咸，殷商贤大夫，谏君不听，自投水而死。因他以生命为代价去坚守理想和人格的高洁，所以是诗人心中理想人格的典范，这便是诗人“思彭咸”的缘故。找到了这样一位知音，诗人几近有相思恨晚之感。所以，他决意在“白日之未暮”之前，“独茕茕而南行”，效法彭咸而去。

由上对《思美人》的细读可以看到，这篇诗歌能够反映屈原在绌居汉北期间心灵嬗变的历程。诚如杨义先生所说：以“思美人”始，以“思彭咸”终，由向外的理想政治和理想人生的幻美追求，最终转至向内的理想人格的葆养和阐扬，这大概就是《思美人》的诗学旨趣之所蕴吧。

确实，在《离骚》中，屈原因忠而见疑产生的怨恨，如鲁迅先生所说，“是不得帮忙的不平”，给人很没出息的感觉。他那种“指苍天以为正”的忠心表白，给人以“愚忠”之感，似乎自我价值的实现完全寄挂在一个昏聩君王身上了，此外别无他途。但是，屈原的复杂和过人之处在于，他的自我意识尚未完全泯灭、坍塌，痛定思痛后，独立人格意识又重新占据了他。这一点可以从《思美人》中看得非常清楚。因此，当我们强调屈原的忠君爱国之精神品格时，千万不能忘了他对独立人格坚守的一面。

好修为常

“纷吾既有此内美兮，又重之以修能。”实现内美与修能的统一，是屈原人格追求的理想目标。修能，即修态，是内美的外现。以“上下求索”和“独立不迁”这种内在的精神境界为依据，屈原的生命在其素养、气质和言行举止等方面呈现出了相应的外在气象，这就是好修为常，即注重自身人格的修饰之美。用屈原自己的话说就是：“民生各有所乐兮，余独好修以为常”“众皆竞进以贪婪兮，余独好修以为常”。

在屈赋中，屈原虽然没有具体提及自身如何锤炼人格，但以文学的象征手法间接表达了自己好修为常的精神品格。譬如，好奇服：“余幼好此奇服兮，年既老而不衰”。奇服，即奇伟的服饰，借以比喻志行高洁，与众不同。又如，佩芳草：“扈江离与辟芷兮，纫秋兰以为佩”“制芰荷以为衣兮，集芙蓉以为裳”。芳草如同玉一样，均为物之美者。屈原饰芳草，就如同儒家君子佩玉一样，既是自身高洁德行的象征，同时也具有自我约束、自我修为的心理暗示和激励作用。再如，饮美食：“朝搴阰之木兰兮，夕揽洲之宿莽”“朝饮木兰之坠露兮，夕餐秋菊之落英”。宿莽、木兰、秋菊，都是香草名。木兰去皮不死，秋菊于肃杀之秋傲然自放，宿莽遇冬不枯，都具有生命力顽强的物性。诗人以此自喻，自己虽然被谗见疏，但秉受的芳华内质未曾变易。他饮食木兰花坠落下的露珠和秋菊飘落下来的花瓣，如此纯洁的露，如此纯洁的花，都表征着诗人内心的纯洁和自我修养、洁身自好的精神追求。

尤其是，屈原的好修还表现为他有一种时不我待的紧迫感和焦虑感。在《离骚》中，诗人用了好些“朝……夕”句式，表现自己自我完善、汲汲追求的朝夕自励精神。屈原之所以有一种只争朝夕的好修精神，一个重要原因在于他对时间流逝的强烈感受：“汩余若将不及兮，恐年岁之不吾与”“日月忽其不淹兮，春与秋其代序”“老冉冉其将至兮，恐修名之不立”。时间飞逝，人生易老，而修名未立，这种紧迫感、焦虑感是屈原意欲自我树立的急切之心境的流露。《论语》曾记载：“子在川上曰：‘逝者如斯夫，不舍昼夜。’”面对奔腾不息的流水，孔子同样有人生有逝无回的喟叹。所以，大凡那些有强烈的“立功、立德、立言”之价值追求的人似乎都会有此感受，屈原、孔子均如此。相反，只有庸人，才大多难以感受到时间的紧迫感，往往在蹉跎岁月中庸庸碌碌一生。

屈原的好修是贯穿一生的，以修能为常言常行。正如清人蒋骥所说，屈原“始之事君以修能；其遇谗以修姱；其见废而誓死，则法前贤；即欲退以相君，亦修初服；固始终一好修也”。无论是顺境还是逆境，屈原都以好修为乐事，殊为不易。

好修，一方面是屈原对自身人格之真和善的肯定和确证。保持自身纯正的内质是好修的一个重要方面。“芳与泽其杂糅兮，惟昭质其犹未亏”，在芳泽杂糅、与贪腐群小共处一朝的环境中，唯有处处加强自我修养，才能使芳质不污，葆有志洁行廉的情操。屈原认为，即便是内质纯正之人，如果放弃自我修持，也会有变质、腐化之机：“兰芷变而不芳兮，荃蕙化而为茅。何昔日之芳草兮，今直为此萧艾也？岂其有他故兮，莫好修之害也！”兰芷、荃蕙的蜕变，就是不好修的缘故。屈原的好修，使他不能容忍丑恶和庸俗，对之怀有强烈的憎恶之情。屈原指出，那些败德之人，其外表的修饰同样丑恶。“解萹薄与杂菜兮，备以为交佩。佩缤纷以缭转兮，遂萎绝而离异”，这种把恶草、杂菜满身佩戴而将芳草弃之不用的反常的修饰之举，正是内质、素养低下之人的“正常”举动。所以，好修是屈原与世俗、谗人之间的分水岭，是他对自身高尚人格的确证，也是长久地保持自身人格的离俗不凡、不受腐朽势力侵蚀的强有力的武器。

另一方面，好修也是对屈原人格之真和善的升华。完美的人格，应该是内质的纯正和外表的芬芳相统一。从美学的角度看，单有内美还不足以构成人格美追求的理想状态。历史上好些士人虽然拥有高洁的人格精神和名士风范，但往往又放浪形骸、不修边幅甚至装疯卖傻，难以给人美的享受，就是例证。譬如，魏晋“竹林七贤”之一的刘伶，虽不乏蔑视礼法、反抗名教的精神气概，但嗜酒如命、裸身屋中的佯狂未免给人以矫揉造作之感。

屈原却不是如此。他拥有“上下求索”“独立不迁”的崇高精神，但也十分注重自身形象。在屈赋中，峨冠伟服、佩剑饰身、状甚勇武这样一个伟岸男子就是诗人的形象。即便在失势落魄之时，屈原仍然保持着仪容的清新、庄重。只是到理想幻灭、生命临终之时，才流露出一丝“颜色憔悴，形容枯槁”。屈原注重自身形象的外饰，也反映到了他所塑造的艺术形象之中。在第二章中曾谈到，屈原在《九歌》中描述的天神、地祇、人鬼等艺术形象，无不修饰得绚烂夺目、楚楚动人。

这都表明屈原非常注重人格的修饰之美。生命的理想存在应该是求真、求善和求美的完美结合。对个体生命而言，求真、求善本来不易，但是它们若以求美的形式表现出来，就让人肃然起敬。屈原在求真、求善的过程中，虽已遭逢厄运、挫折，但他并未佯狂玩世、沉沦自弃，而是努力把一个美的形象留给人间，直到生命终结。这是足以让世人向他折腰致敬的。司马迁评价屈原说："其志洁，故其称物芳。其行廉，故死而不容自疏。濯淖污泥之中，蝉蜕于浊秽，以浮游尘埃之外，不获世之滋垢，皭然泥而不滓者也。推此志也，虽与日月争光可也。"这样一个至洁、光辉的形象，既是屈原志洁行廉的人格精神的升华，也是其自觉追求人格修饰之美的结果。

袁行霈先生说："千载之下，屈原仍能以他的诗歌感动我们，一个重要的原因，就是这些作品具有人格的力量。"斯言甚确。屈原把求真、求善和求美进行了完美的结合，从而才有中国古代美学史上这一理想人格追求的典范。因此，当我们徜徉于屈赋瑰丽超逸的艺术世界时，不能忘怀屈原坚卓纯粹之人格美所具有的美的价值和美育的意义。

第 4 章

理想主义

屈原之所以能够在艺术创作和人格追求两方面均能“卓绝一世”，开出为后人难以重复、企及的极境，深入地看，乃是以其理想主义的人生信仰为底蕴的。就是说，屈原坚卓纯粹的人格美和瑰丽超逸的艺境是他理想主义的人生信仰在美学上的外在表现。换言之，只有屈原于人生态度、生活方式上持至纯的理想主义信仰，才促成他在艺术创作和人格追求中必然有一颗“唯美”之心，使二者均臻于理想状态。

“理想主义”是一种独特的思想范式、人生态度及生活方式。在中国古代历史上，具有此因素者，当不乏其人，然唯有屈原全身以赴，求出了极值，这正是屈原独特的精神个性和在中国历史上不可替代之处。

精神个性

什么是屈原的精神个性？一言以蔽之，曰：理想主义。理想主义是一种唯理想是从的思想范式和人生信仰。所谓“理想”，在积极意义上是指完美的、至美至善的东西，具有完美性、应然性的含义。“理想主义”就是一种从设定的理想出发，追求人生和事物的完美、应然状态的思想范式。理想主义者往往以完美性和应然性为尺度来评价事物、批判和改造现实，并以此为人生信仰，知行合一地将其落实、转化为自己的人生态度和生活方式。

一般而言，理想主义与现实主义相对。所谓现实主义是一种从现实出发，追求、满足甚至屈从人生和事物的实然状态的思想范式。现实主义者通常以有用性和实然性为标尺来评价事物，指导人生和改造社会。现实主义以其功利主义的实用逻辑和灵活通达的生存智慧，契合着人类趋利避害的本性和生存现实，因而有着广阔的市场。相形之下，理想主义因其不食人间烟火的洁净空阔，对于社会大众的食色追求、日用伦常和现实生存来说，未免有些凌空蹈虚，因其“曲高”，而导致和者寡。在人类历史上，理想主义者往往寥若晨星，中西如此，古今皆然。

但是，理想主义自有其难以替代的精神价值。理想主义以其超功利、洁净的精神追求，为人类的现实生存和个体的自我存在、自我实现辟出了另一个维度、另一种可能和另一种境界，即：人完全具有超越物质功利追求和摆脱人性束缚的巨大潜能。理想主义在本质上是人类的一种精神状态和象征，是人在多大程度上超越人性和物性束缚的一种标尺。一民族、一文化、一时代能葆有几分理想主义的色彩，是这个民族、文化和时代的人们精神追求境界的一种标志。

在中国历史上，屈原并非理想主义的先祖。在《左传》《史记》等典籍中，我们可以发现一些令人荡气回肠的人物，其中有侠客，亦有文士。彭咸和伯夷、叔齐兄弟，似都可为屈氏之师。

彭咸，一个多次出现在《离骚》和《九章》中的人物，如《离骚》有“虽不周于今之人兮，愿依彭咸之遗则”之句，《抽思》也提到“望三五以为象兮，指彭咸以为仪”，《思美人》有“独茕茕而南行兮，思彭咸之故也”。据汉人王逸的解释：“彭咸，殷贤大夫，谏其君不听，自投水而死。”宋人洪兴祖也提道：“彭咸，殷之介士，不得其志，投江而死。”综合二人的看法，彭咸给人的印象似乎有二：一是忠君、性格耿介，有以死谏君的勇气；二是为坚持自己的原则和理想，不惜投水而死。屈原虽与彭咸不共处一时，但与彭咸显然神交已久，不然不会在自己的作品中多次提及。

伯夷，也是屈原在《橘颂》中提到的人物：“行比伯夷，置以为象兮。”诗人发愿要以伯夷为学习榜样。这说明，屈原与之存在着心灵的共鸣。据司马迁《史记》记载：伯夷，殷末孤竹君的长子，曾力劝周武王勿讨伐殷，遭到失败。武王平定殷乱后，天下都归顺于周朝，而伯夷、叔齐兄弟以此为耻，发誓不食周朝的粮食，并隐居于首阳山，采集野菜充饥。等到快要饿死之时，还作了一首歌，其辞说：登上首阳山，采薇来就餐。以残暴代残暴，竟然还不知错了。神农虞夏的明君盛世已逝去了，哪里是我的归宿之地呢？可惜死亡已逼近，命运之不济啊！就这样饿死在首阳山。

无论是彭咸还是伯夷，他们都是为自己心中的那个理想和所坚守的原则、尊严而死。他们的以身殉道，以俗眼观之，似乎难以理喻，但实则异常壮烈。对一个人而言，生命中最为高贵的东西就是生命本身，这是一个最唯物主义的常识。要超越求活这个强大的生物本能，与现实世界作死亡的决裂，对一个人而言是很不容易的。尤其是，这样的以身为殉是基于个体的冷静思索和理性抉择时，就显得更为不易了。它甚至要比革命战争年代，那种以身堵枪眼或舍身炸碉堡的壮举，更为震撼人心。英雄主义的视死如归，往往是由于受特定情境的激发而即生的感性冲动，此时的个体，情感掩盖、压制了理智，因而也就弱化了个体对死亡可怖的心理忧惧和意识。而冷静、理性的赴死则对人求活本能的心理考验要严酷得多。

屈原的横空出世，把中国文化和民族精神心理结构中的理想主义因子演绎到了一个空前也是难以复加的高度。屈原正是从一种理想的政治和人生态度出发，以完美性和应然性为尺度来评价事物，指导自己的政治实践和人生追求。只有立足于理想主义这一视角，我们才能较为合理和深入地理解屈原的言与行，及其美学创造。

屈原把自己的政治理想称为“美政”，就饱含有浓郁的理想主义色彩。它意味着屈原已经认定了自己的政治理想是完美无瑕的，甚至是楚国强国富民的唯一、正确的政治指导思想。诚然，屈氏以修明法度、举贤授能为核心内涵的政治理想无疑具有真理性。这些政治改革的措施被当时各诸侯国的改革变法所普遍运用，也在楚国的改革中曾经收到了实效。然而，任何真理总是绝对性和相对性的统一。从真理的相对性看，任何真理都是一定范围里的正确认识，还存在有待深化、扩展的空间。因此，我们要以发展的眼光看待真理，不能够教条主义地运用真理来指导实践，而是要解放思想、实事求是、与时俱进。就拿屈原来说，当他的这些政治改革措施在现实中遇到了阻碍时，若作为一个务实的政治家，他应该根据现实情况来调整自己的政治改革思路与措施，以适应变化了的现实。但是，屈原是一个理想主义者，他认定了自己政治理想的绝对真理性、完美性，也因此，要他修正自己的政治理想去适应错综复杂的现实是不大可能的。

正是如此，当屈原的政治改革受挫时，他没有怀疑自己的政治理想和改革措施的灵活性，而是将失败的原因归结为贪佞"群小"的从中作梗。进而，以"两美遇合"为政治信仰，希望能有一个明君作为后盾，来实现自己的政治梦想。《惜往日》说："闻百里之为虏兮，伊尹烹于庖厨。吕望屠于朝歌兮，宁戚歌而饭牛。"百里奚、伊尹、吕望、宁戚四人，或为俘虏，或为庖厨，或为屠夫，或为喂牛郎，身处微贱，却因秦穆公、成汤王、周文王、齐桓公的知遇，得以建功立业，留名后世。他们的幸运让屈原无比羡慕。

纵观历史，明君与贤臣的相知相遇、通力合作是一种非常理想的政治模式。因其完美、稀少，所以它成为政治佳话乃至传说。因为历史习见的情形往往是明君与贤臣的难以两美遇合，相反，明君对佞臣或者昏君对贤臣的组合形式，君臣角力、同床异梦是现实政治的大多数。屈原对历史上君臣相遇的追慕，烛照出他内心希冀理想政治垂青的期待。

不成贤便成圣，是屈原的人生理念。这是一种至美、至高、至洁的人生模式。屈原不允许自己有折中调和的人生状态。在他看来，人之生存就应该追求完美、应然的状态。从俗或隐逸，都是人满足、顺从、屈从现实的实然状态的人生选择。从俗者，沉沦于现实的物质享乐和追求；隐逸者，虽最初对现实大都有所不满、不平，但终究也由孤愤转而沉沦，由抗争转而妥协。屈原的人生态度与模式却与此迥然。俗世的食色追求、官场的结党偷乐和隐居山林的洒脱都难以契合、安慰屈原的心灵。这是一种带有“洁癖”的人格追求。

从俗虽然可以充分地享受到现世今生的各种快乐，但也充满着各种人生无奈和庸俗的一面。所以，屈原不愿为之。面对官场同僚身处乱世、污浊政治环境之中，选择半醉半醒的自我沉沦，屈原则不屑为之。尽管他十分希望得到君王的垂青，但是若要以低头哈腰、委曲求全的趋炎附势姿态去获得君王的一己之垂顾，是其所不能服膺的。

隐逸似乎是一种超越世俗、摆脱人世纠纷的理想选择。陶渊明那种超越了物质功利追求、利害打算后的“采菊东篱下，悠然见南山”的怡然自乐之境，对挣扎在名利场中的人们来说，确乎有无限的诱惑力。然而，选择归隐，也不足以安慰屈原的心灵。对于屈原这种用世之心如此强烈的人来说，隐逸不是理想的人生模式。一个人要做到身隐且心隐是十分不容易的。人都有渴望群体生存的社会性，脱离群体而隐居于深山僻野的个体，不仅要忍受物质上的清贫，还要饱受远离群体后精神孤独的煎熬。

在中国文化史上，真正能够做到身、心双隐，毫无心理牵挂和障碍逍遥世外的士人虽有，但如凤毛麟角。更多的情形往往是，隐逸不过是一些士人追逐功名利禄的世俗生存实践的延伸，是蓄藏以待、审时而动、待价而沽的权变之计，是以退为进的功能性环节。历史上，姜尚垂钓渭水而后辅助武王灭商兴周，诸葛亮隐居卧龙而后辅助刘备三分天下有其一，都是这种隐逸观的忠实践履者，是假名水大山而钓名的典型。在此，所谓“隐逸”多少都带有自我推销的广告之嫌。“翩然一只云中鹤，飞来飞去宰相衙”是这种隐逸观的形象描绘。“身在江湖，心游魏阙”这种以隐为手段而实以仕为目的的隐逸观，在它所表达的“隐”作为一种生存方式的精神纯粹性上是值得怀疑的。屈原没有选择归隐，说明他对这种不大纯粹的隐逸人生是排斥的。

从俗或隐逸作为不大完美、纯粹的人生态度和生存方式，屈原都敬而远之。我们从中可以感受到，屈原的人生追求确乎有一种“不全宁无”的纯粹之美。

这是一个不食人间烟火的形象，既不沽名钓誉，也不贪图名利。连饮食男女难抑的食色欲望，譬如男女两性之间的性爱之情，屈原也没有直露地表达过对它的渴求。在前面论述《九歌》之美时曾谈到，在屈原的笔下，爱情也不是发生在现实中的真实故事，而是化作想象中的憧憬。

这是一种理想主义的爱情观。为什么呢？因为现实中男女间的爱情虽然至真至诚，但也不是纯粹的“柏拉图式的精神之恋”，而是以生理性的欲望追逐、享乐为基础的。若剔除进入青春期后的男女之性意识和性欲求，哪来两性之间的互相吸引与欣赏呢？而由爱情而来的婚姻更是夹杂着男女双方功利性的考虑于其中。所谓婚姻是男女之间建立在性与经济合作基础上的社会性情感。婚姻中既有经济合作，那么男女双方择偶时就难以避免要考虑对方的经济基础等诸多非爱情因素。因此，现实中超越生理欲望和功利打算的爱情、婚姻似乎是没有的，那种作为精神知音的爱恋故事只能是理想中的憧憬罢了。

屈原在其政治生涯受挫后，尽管曾有过哀告呼号，但这种发愤抒情不是因为一己之得失，而是理想幻灭后的情感喷发。对此，确乎不可以常人之心度君子之腹。诚如汤炳正先生主编的《楚辞欣赏》所说："在这里，得与丧已完全不是世俗生活中仕与不仕、得不得志的问题，是一种人间价值的得与丧；是一种人的高尚精神本性的得与丧；是一种对民生、世事、人生的强烈关切，与恶势不两立的得与丧；是其受天下之瑰丽，以天下为己任的社会责任感的得与丧。如果不是这样，沉沦于乱世的随波逐流的逍遥也好，等待良时而出也好，都是可行和能保全自身的最佳选择。而屈原则偏偏拒绝这种调和，拒绝以丧失自身的高洁为代价而苟全的行为。"

拒绝折中调和的人生以及不肯向现实低头的屈原，有着强烈的命运感。他曾感喟说："命则处幽吾将罢兮。"命运使我处于困境，我将放弃了啊。这种命运感是理想主义者共有的心境。伯夷不也有"于嗟徂兮，命之衰矣"的喟叹么？这种命运感不是弱者因某种具体的欲求之物而不得所产生的无力把握自己人生的挫折感，而是强者所坚守的理想、原则和尊严被碾碎后所产生的幻灭感。理想主义者的命运感，是一种被现实所抛弃、不容于时的自我意识与孤独感。其实，并不是现实抛弃了他，而是他排斥着现实。现实总是敞开胸怀接纳着每一个人，但理想主义者除外。因为现实是不完美的，它永远难以达到理想主义者所要求的完美、应然状态。于是，一种现实不接纳、排斥他的命运感便油然而生。

那么，何处才是理想主义者的归依之所呢？那就是与现实相对的历史与未来。理想主义者要么生活在对未来的憧憬里，要么生活在对历史的记忆中。屈原选择了后者。所以，他的知音都是历史上那些圣贤，如尧、舜、禹、汤、文、武、周公等等。这些都是“人伦之至”“修己以安百姓”的理想人物，并且开创了遵循正道、公正无私、崇尚道德、举贤授能的理想政治。所以，屈原满怀赤忱地追慕这些圣贤，同时也就有了以圣人自许、自期的心态。其实，历史也是现实，原本也不是一首田园牧歌，而历史上所谓的“圣贤”恐怕亦非完人，只是作为一种逝去的现实在拉开了与当下人们生存状态的利害冲突与情感纠葛的距离后，人们很容易把它美化。因此，对屈原而言，在现实中难以寻觅到真正的知音，那么历史上的圣贤不失为其寄托理想主义情怀的替代物。

人类生活于其中的现实世界永远不是人的理想世界。所谓现实，意味着真善美与假恶丑并存。理想主义者的一个重要特点就是，他从一种对现实的理想要求出发去反思、批判和超越现实。屈原就是如此。他怨怼君王、讽刺同僚、神伤人才变节、不屑“民生所乐”，等等，不是其故作清高，也不是他与君王、同僚就真正势不两立、水火难容，而是因为他在君王、同僚及其生活态度与方式中看到了现实不太干净的一面，看到了个体面对现实逻辑所表现出的懦弱，这令其精神痛苦，故忍不住要批判之。

真正的理想主义者，当是有“洁癖”的。他不只是批判现实，还意欲超越不大干净的现实，只有通往洁净的彼岸世界才足以令其自安。理解于斯，我们就不难理解屈原的人格追求何以如此坚卓、纯粹。无论是“上下求索”“独立不迁”还是“好修为常”，屈原都表现得那么意志笃定，是因为只有如此的努力，才能使自己有可能超越现实世界。这是屈原安顿自身灵魂之必须。

一个人要不顺从、不屈从而超越现实是极为不易的。现实世界作为一个异于个体的强大客体，在某种意义上说，现实改变个体是绝对的，而个体改变现实是相对的。战国时代，许多有才情的士人都有志用于世。但是，面对混乱的时局，有的人积极上演“乱世出英雄”的正剧，如苏秦、张仪之流，表面上看积极投身现实、改变现实，实则是屈从现实的实用逻辑，潜藏着乘机利用衰乱时局为自身谋求名利的机会主义心态，从而把一个时代的悲剧变成了个人的喜剧；有的人则因看不到历史的出路，如田骈、髡于淳、庄周之辈，始而抗争，终至消沉，面对难以撼动的现实逻辑，反弹出自暴自弃的退隐之心。他们都有着改变现实、超越现实的最初梦想，有着美好的愿望却无法实现，最终都被强大的现实逻辑所招安与收编。

相形之下，可以见出屈原不屈从现实、不向现实低头的精神之崇高与伟大。如果没有“以一挑十”、蚍蜉撼大树的理想主义精神，很难演绎如此坚卓、纯粹的人格追求。屈原对自己所坚守的原则、理想，没有因时间而变迁，因环境而消弭。屈原委实没能改变现实，但现实也没能折服他。

一位著名诗人曾写道：“告诉你吧，世界/ 我不相信/ 纵使你脚下有一千名挑战者/ 那就把我算作第一千零一名/ 我不相信天是蓝的/ 我不相信雷的回声/ 我不相信梦是假的/ 如果海洋注定要决堤/ 就让所有的苦水都注入我心中/ 如果陆地注定要上升/ 就让人类重新选择生存的峰顶。”它塑造了一个“我不相信”和受难者的英雄主义形象。诗中傲岸的“我”以一种理性的声音和清醒的痛感对不义的现实和世俗世界进行审判后，爆发出“我不相信”的怀疑与抗争精神，毅然表达了愿意以个体的自我牺牲承担一个民族和全部人类的涅槃与新生所要付出的伤痛与苦难。“我不相信”就是怀疑与抗争，是个体自我意识成熟的标志。

将这种“我不相信”的精神移植于评价屈原，十分贴切。面对楚国内忧外患的时局和众生偷乐的世俗诱惑，如果没有一股“我不相信”、抗争现实的精神作支撑，那么无论是选择退隐高蹈也好，还是混同世俗也罢，都是苟全、怜惜自我的不错选择。就一个最有人缘的常识而言，生命中最宝贵的东西其实是生命本身。人活一世，吃饱穿暖、快乐地过好每一天要比追求某种抽象的价值更实在得多。生命不是手段而是目的。人活着，就是为了实现、证明某种价值么？

然而，屈原要挑战的就是这种世俗价值。拥有自己的原则与信条，比学会如何懂得审时度势、分辨利害、适应现实，在屈原那里被视为是最紧要的。既然从一开始就自期要承担重整乾坤的民族使命，那么就应该一以贯之地为此追求着；既然以圣人自许，那么就应该言行相顾地转化为实践。在此过程中，任何改变初衷、回避矛盾、绕道而行，或者为困难、失误而自我推脱，都将是一种人性的懦弱。屈原对自己生命的要求确乎非常苛刻。他有的是怀疑与抗争精神。正是这种“我不相信”的斗士精神，使屈原有了挣脱现实逻辑的动力，成就了其坚卓、纯粹的人格追求。

屈赋的艺术极境，同样只有从屈原的理想主义这一精神个性中才能得到较为合理的解释。浪漫主义只是屈赋的外在美学风格，如果没有关怀现实、超越现实的主体精神为内在依据，很难在艺术创造中表现出奔放的情感和飞升的想象。这一点，只要与《诗经》相参照就可以见出。《诗经》是中国古代文学史上现实主义风格作品的典范之作。它以一种实录精神记录着那个时代人们生存的喜怒哀乐，没有激烈的情感抒发，没有瑰丽的想象，就是因为《诗经》之作者都胸怀着现实主义的情愫。他们恪守、遵循现实的生存法则，关心的是生存的当下状态，并乐在其中，因而也就没有改变、超越现实的精神内驱力。

其实，即便同为浪漫主义之艺境，其境界也有高低。在中国古代文学史上，从来不乏浪漫主义之作，就其近者来看，庄周之作“其文汪洋辟阖，仪态万方”，有创造性的寓言、生动逼真的描绘和灵活多样的句式等，具有浪漫主义色彩；就其远者而观之，后世李白、李贺诸人也努力模仿屈赋辞章，被誉为浪漫主义诗人。但是，无论是庄周还是李白的浪漫主义诗赋均未若屈原之纯粹，字里行间渗透出难以掩饰的狡黠与矫情。究其原因，就是在作者之精神境界，进而反映到艺术创作上，庄周、李白之浪漫主义气质不过是文人士子那种蔑视权贵、清高姿态、逍遥之智的文人趣味的一般性流露而已，而非建立在自觉、理性地批判、超越现实的精神追求之上。然而，屈原的浪漫主义辞赋却与此迥异，它是屈原在自觉追求理想过程中，因理想幻灭后迸发出对现实世界的大愤懑、大怀疑的情感之流与理性之光，以及坚贞地不屈从现实的抗争精神，共同汇聚而成的飞扬的主体精神之艺术表现。这种浪漫主义文学精神，丝毫没有撒娇的痕迹和人格面具，其格调当在庄周、李白之上，堪称中国古代文学史上浪漫主义艺术之极境。

人们常喜欢把屈原与孔孟、老庄放置一起并谈异同之处。深入地看，他们之间异大于同，在精神气质上，屈原是理想主义者，孔孟、老庄均为现实主义者。

屈原与孔孟都积极入世，有着“修身、齐家、治国、平天下”的共同价值取向。但是孔孟常为强烈的实用理性所支配，面对现实的复杂性表现出灵活、务实的一面。孔子说过：“危邦不入，乱邦不居；天下有道则见，无道则隐”“用之则行，舍之则藏”“邦有道，则知；邦无道，则愚”。从中可以看出，孔子之入世是针对有道的盛世而言的，面对无道的衰乱之世，孔子开出“隐”“藏”“愚”这一“明哲保身”的处方。孟子则说过：“达则兼济天下，穷则独善其身。”他要求士人在穷与达之间自由、灵活地选择安身立命之所。这说明，孔孟缺乏一以贯之的人生信仰和理想，没有忍受苦难、抗争现实、拯救世界的笃定之心，表现出面对困难绕道而行的软弱、退缩一面。表面上看，孔孟儒家的人生选择具有相当的灵活性，实则有着浓郁的分辨现实利害而行的相对主义、机会主义心态。

“子见南子”这一历史正剧，最能窥见孔子顺从现实，甚至委曲求全之现实主义心态。《论语》记载：孔子会见南子，其学生子路不高兴。孔子发誓说：“假如我做了有违礼节之事，那么上天都会厌弃我！上天都会厌弃我！”依理，男女相见是极自然的事，那么为何孔子见南子，却引来子路如此强烈的情绪反感，以至于引起孔子要对天起誓以澄清自我呢？原来，南子乃卫灵公的夫人，人貌美，行为淫乱，名声不好。当时，卫灵公为其所迷惑，南子实际上操纵、左右着卫国的政权。据《史记·孔子世家》记载，孔子在卫国期间，南子派人捎话给孔子："四方之君子不辱欲与寡君为兄弟者，必见寡小君。寡小君愿见。"意思是，四方来的君子假如不以为耻辱，想与卫灵公结为兄弟的，就必须来见"寡小君"（南子），"寡小君"希望见到你。面对南子这一挑衅的邀请，据《孔子世家》记载，"孔子辞谢，不得已见之"，心态极为矛盾、复杂。之所以起初要"辞谢"，是因为考虑到"物以类聚，人以群分"，君子不当见淫乱妇人，这也是子路对孔子终见南子之事很不高兴的原因。所谓"不得已见之"，是指当时孔子周游列国，推行自己的仁政思想，屡屡受挫，想通过南子说服卫灵公推行治道，虽然这一途径有辱自己人格，但也不失为一个机会，因而就与南子相见了。

在"子见南子"这一事件中，不管孔子有着何种自己的人生无奈与委屈，但无论如何，他屈从了现实。这样一位满口仁义道德的圣人，在强大的现实逻辑之下，终于低下了他倔强的头颅。在这一点上，与屈原相比，孔子的人格光辉确实要黯淡很多。其实，孔子欲推行治道与屈原想得到君王的垂青，二者情感的强烈程度并无二致，但对屈原来说，若以委屈、丧失自身高洁人格为代价来换取君王的垂顾，是万万不可的。

在这里，孔子与屈原的行为差异，关键在于二者精神气质之别。孔子是现实主义者，以有用性为尺度来指导自己的行为，苟有能达到自身目的者，则无可无不可。因此，面对南子夫人诱惑性的邀请，孔子也就不惜放弃自己的圣人尊严，半推半就地与南子相见了。屈原是理想主义者，追求完美性，苟有不全不粹者，则宁可无。因此，尽管屈原对楚王亦曾朝思暮想，但是若以委屈自我人格为前提，则“临渊羡鱼，不如退而结网”，甘愿放弃对楚王的仰视，退而选择葆养高洁的人格。

就屈原与老庄而言，他们都批判不义的现实世界，追求对现实社会和俗我的超越，都希望超越尘世烦恼而获得一种内在的心理放松与精神解放。但是，“庄骚两灵魂”。屈原积极入世，致力于清除时俗黑暗，建设理想社会，有着强烈的担当意识与使命感。而老庄极力避世，致力于消解现实社会及其价值体系，却没有为人类社会的未来重建提供切实可行的建设性方案。

老庄主张人类重新回到像自然界万物那种自生自灭、自适其适的自然生存中去，回到“鸡犬之声相闻，民至老死不相往来”的“小国寡民”社会中去。这一设想看似大胆，令人神思飞扬，但不过是文人的诗意、浪漫幻想而已。从历史理性的角度看，这一社会理想充满着书生气，毫无现实感，因为历史车轮一旦启动，就很难回到它的原点。老庄所批判的诸如虚伪、巧诈、贪婪等等文明异化现象，只能通过文明本身的改善来解决，而不是放弃文明，否定文明，回到未开化、非人文的野蛮状态去。

其实，老庄诗意设想、逍遥之姿的背后浸透着浓厚的现实主义者的狡黠。老子大讲辩证法，诸如刚与柔、强与弱，说：“人之生也柔弱，其死也坚强；草木之生也柔脆，其死也枯槁。故坚强者死之徒，柔弱者生之徒”，“天下莫柔弱于水，而攻坚强者莫之能先，以其无以易之也。柔之胜刚也，弱之胜强也，天下莫弗知也，而莫之能行也”。还有，如美与丑、善与恶的辩证关系：“美之为美，斯恶也；善之为善，斯不善矣。”诸如此类。这一套充满智慧的辩证法思想，在现实意义上，不过是要教会人们不争、不用、以柔克刚、以弱胜强的生存智慧，如何在崇尚抗争、实用的纷乱时代，与世俗相处，苟全性命。

庄子也大讲亦道亦俗的生存智慧。一方面，他赞美“法天贵真，恬淡寡欲，寂寞无为，不用心机”的圣人，面对乱世，能自我宽解甚至自我麻醉，保持着一颗超脱、旷达高远的自由之心；另一方面，也礼赞身残体畸的“畸人”。庄子以极力夸张的笔墨描写了好些畸形丑陋的人物。譬如支离疏，“颐隐于脐，肩高于顶，会撮指天，五管在上，两髀为胁”，形残体畸达到了极端的地步，但就是这样一个无用而不能有所为的人，却凭着他形残体畸的身体缺陷，在兵荒马乱的年代被免除了正常人不能免除的徭役，还得到救济，安然终养天年。庄子在这些“畸人”身上，阐释着他的顺世、玩世甚至混世哲学。无论是礼赞圣人还是畸人，庄子的目的就是强调逍遥自乐的存身智慧。

诚如张法先生所说：面对衰乱之世，老庄充满着智者的冷静和会心的微笑。他们没有担当，没有抗争，只有以计算、辩证、超世为特征的“和光同尘”“不谴是非”的混世、游世智慧。这是一颗被无情的社会铸就成的实用理性和冷酷之心。

这是现实主义者必然的言与行。真正的理想主义者，必如屈原那样，言行相顾、知行合一。屈原为了坚守自己的原则、理想，可以不惜代价，赴身江流，以死抗争。而孔孟和老庄均做不到这一点。孔子讲："志士仁人，无求生以害仁，有杀身以成仁"，孟子讲："生，我所欲也，义，亦我所欲也；二者不可得兼，舍生而取义者也"；但是，为了"成仁""取义"，他们自己能去死么？老庄主张人类重回动物性、植物性的自然生存中去，但他们自己能忍受住物质的清贫和精神的孤独，回到深山僻野，去过与鸟兽同居的生活么？孔孟和老庄，都是言谈的巨人、行动的矮子，在言行不一处，透露出现实主义者的虚伪、狡黠。

真正的理想主义者，必是大勇、大痴、大笃之士。他们会把自己所认定的某一理想奉为终身信念，有为此理想而不顾一切、慷慨赴之的血性，以成就其崇高人生。伯夷、屈原、荆轲均如此。与屈原相比，孔、孟、老、庄，均当失色。孔孟和老庄，都只有理想主义的姿态，而无理想主义的实质。表面上看，他们都有各自的文化理想，但缺乏为此理想而不惜代价转化为行动的勇气。他们虽然都有理想，但对此理想都不会太认真，说说而已。无论是孔孟的"明哲保身"，还是老庄的"和光同尘"，这种藏用之智和逍遥之趣，均为一种机会主义、相对主义心态，透露出敦厚和飘逸背后的卑弱和油滑，并影响着中国士人的精神性格。

我们之所以以理想主义定位屈原的精神个性，还考虑到屈原之后理想主义几近成为绝唱。中国士子在儒道文化传统的熏染之下，均不愿以屈原为范。这首先可从汉代班固对屈原之评价即可见出。班固《离骚序》说："故《大雅》曰：既明且哲，以保其身，斯为贵矣。今若屈原，露才扬己，竞乎危国群小之间，以离谗贼。然责数怀王，怨恶椒兰，愁神苦思，强非其人，忿怼不容，沉江而死，亦贬洁狂狷景行之士。”对屈原颇有微词。班固以儒家之明哲保身为精神圭臬，非但不以屈原为榜样，反而斥其偏执，无明哲中庸之智，岂不哀哉？

自汉以后，中国士子的生存智慧日见通脱，人格亦日见卑微。汉代，有东方朔出，在严酷的君权之下，以自我丑化、善滑稽来取宠求仕、取容活命，而迅速蹿红，并令朝野士人艳羡不已。之所以如此，就是因为理想、信仰的缺失，使得这种以卖笑博取功名、存身的技艺千回百应，在天下士子中引起广泛的心灵共鸣。东方朔的成功，滑稽剧的走红，是汉代以后中国士子混世心理、理想失落和抗争精神缺失的表露。

自此以后，对文人士子来说，一切均无可无不可了，最后总结为白居易的“中隐”说。所谓“中隐”，就是“半隐半尘”，一语道破了中国士人的心态天机。选择“隐”，可以表现出士人的雅致与高贵，和对世俗趣味的超越性，但只能止于“半隐”，如此可避免“全隐”于深山僻野所不堪忍受的物质上的清贫和精神上的孤独。选择“尘”，又不能“全尘”，因为“全尘”使自已混同世俗，难以与世俗拉开距离，显示自身的高贵；于是“半尘”乃最佳选择，如此可在保持自身的相对高洁之时，不失时机地体验世俗的诸般享受。如此一来，“半隐半尘”成为中国文人士子最心仪的人生态度与生活方式。因为“半隐半尘”，作为一种折中的人生方式，使士人在隐与尘之间左右逢源，平添了人生选择的机动性，能安能乐，可以同时享有世俗快乐和心灵高洁。从好处看，这确乎为一种非常高蹈的生存之道；往坏处说，这是一种异常圆滑的生存之技。在这种无可无不可的人生态度与生存方式的背后，那种一以贯之的人生理想、信念与操守在中国士子的心中已经基本坍塌了。

所以，在中国古代，屈原之出场，真是令天下士子汗颜。这一标杆，照出了儒、道、禅文化强势影响、哺育下的中国文人士子的人格之油滑与卑弱。也因此，在中国古代，欲再求屈原人格之纯粹与坚贞者，岂可得乎？

以身殉道

梁启超说："彼（屈原）之自杀实其个性最猛烈最纯洁之全部表现。非有此奇特之个性不能产此文学，亦惟此最后一死能使其人格与文学永不死也。"即是说，死亡是屈原理想主义的精神个性最猛烈的表现，使其文学与人格臻至后人难以复制、企及的境界。历史上从来不乏崇高的文学和人格，但要以生命去祭奠二者的人确乎寥若晨星。

西方哲人加缪说："真正严肃的哲学问题只有一个，那就是自杀。"对此，李泽厚先生认为："屈原大概便是第一个以古典的中国方式在两千年前尖锐地提出了这个'首要问题'的诗人哲学家。"并说："把屈原艺术提升到无比深邃的程度的正是这个死亡——自杀的人性主题。它实际上构成中国优良传统中的一个很重要的因素。"李泽厚所说的这个"很重要的因素"，就是指屈原所践行的以身殉道的传统。死亡，确乎构成了屈原生命及其作品中最为精彩绝艳的头等主题。

这是由屈原的精神个性所决定的。在某种意义上，死亡是一个理想主义者的必然归宿。前文曾谈到，对于一个理想主义者来说，或生活在对历史的记忆里或者对未来的憧憬中。但是，历史和未来作为逝去和延伸的现实，毕竟还是属于现实。既是现实，那么，除非人类进入共产主义的大同世界，恐怕人类所生活于其中的现实世界就永远不可能是理想的天地。现实是事物的实然存在，它不可能是一首田园牧歌，必然掩藏着假恶丑于其中。而理想之为理想，就在于它代表着一种指向未来的应然、完美要求。作为理想，它是一种无止境的精神诉求。在理想面前，现实始终是不完美的，或者说，现实没有最好，只有更好。理想与现实，就如同两颗在各自轨道上运行的行星，始终互相守望，偶尔擦肩而过，随即又分道扬镳。而理想主义者的精神个性就在于他始终不满足、屈从于现实，生活在对理想的守望之中。但是，现实与理想又始终处于矛盾、龃龉的状态。这不能不令理想主义者精神痛苦，并使其努力超越现实世界而过渡到理想世界，才足以自安。

那么，怎样才能超越现实的精神痛苦而跃身到理想的彼岸世界呢？王国维曾说："解脱之道，存于出世，而不存于自杀。"斯言当然不谬。但是，以宗教的出世，看破红尘，遁入空门，做到形如槁木、心若死灰，对于具有七情六欲、有智慧、有思想之人来说，谈何容易！其实，大凡那些入教之人，身处青山古刹之中，在与青灯黄卷为伴的背后，未必不饱受着因远离尘世悲欢和舍弃世俗之诸般享受而来的辛酸与泪水。于是，宗教史上始而入教、终至归俗之人都不乏其例。这说明，一个人要真正斩断尘缘俗根，在宗教中寻求真正的解脱，殊非易事。一位著名诗人曾写道："一切信仰都带着呻吟。"这非常形象地描摹了以出世寻求解脱之途的虚伪性。信仰之为信仰，本在于入教之人对此教必当拥有一颗虔诚之心，然其中有所谓

“呻吟”者，说明皈依教主、佛门未必出于个体发自内心的由衷选择，而是因暂时的现实烦忧而反弹出的不得已而为之的举动。马克思曾揶揄说，宗教是麻醉人的鸦片，是被压迫生灵的叹息，是无情世界的感情，此话不无道理。宗教犹如鸦片，都是以暂时弱化人的理性意识而使人出现一种虚幻、飘飘欲仙的快感。宗教将人引入到对天国的美好幻想中来超越现实的痛苦，然而一旦人的理性意识觉醒，从幻想返回现实，还是发觉现实的苦难依然故我，此时，宗教的欺骗性便向人袭来。因此，欲以宗教超越现实痛苦，寻求精神的慰藉，恐怕非一条真正可以令人自安的解脱之途。

真正永恒的精神解脱之途，是死亡。死亡是生命化有为无的过程。随着肉体的消逝，精神也归于寂灭。人一旦死亡，便了无牵挂，摆脱了人间的各种负累，这是人最后的舒放和彻底的解脱。在人死后的天国里，再也没有了理想与现实的矛盾。这个曾经引起理想主义者精神痛苦的总根源，在人停止呼吸的一刹那，顿时化为乌有。这意味着，只要现实社会无法以完美的方式化解理想与现实的矛盾，那么，只有选择死亡，才是理想主义者由苦入乐的唯一之途。

明白乎此，我们就不难理解为何孔孟、老庄都甘当现实主义者，而后世文人都不愿以屈原为范？其实，并非屈原之榜样不可学，而是儒、道文化传统影响下的文人不欲学。究其原因，就是做一个彻底的理想主义者，其为人成本太高，当且仅当以生命为代价才可成全之。这让贪生恋世之俗人听起来就害怕。毕竟，有几个人愿意去死呢？

恐怕只有如屈原者才做得到。可以说，唯有死亡才能使自己彻底超越不大洁净的现实和疏解心中的痛苦，屈原对此早有意识和预料。死亡的意象在屈赋中多有出现。《离骚》是屈原政治生涯遇挫后，首次抒发自己的政治苦闷之作。在这首诗中，屈原就有了“既莫足与为美政兮，吾将从彭咸之所居”的打算，意思是，既然不能实现理想政治，他将追随彭咸而投水自杀。随后，屈原在绌居汉北期间所作的《抽思》和《思美人》中再度思慕彭咸，并在《思美人》中完成了由思美人到思彭咸的心灵嬗变。这一转变对屈原来说，意味着他已经萌生了自己要效法彭咸那样以身殉道的念头。

在被视为屈原“临绝之音”的《怀沙》《悲回风》《惜往日》三篇诗作中，屈原更是发出了虽凄苦无奈，但又毫不犹豫的赴死誓言。《怀沙》是屈原第二次放逐至沅湘时所作。是时，孟夏四月，草木莽莽，江水滔滔。但在如此充满生机的春天，屈原却长哀不已，踏着沉重的脚步踽踽南行。在放逐的路上，带着被现实疏离的悲苦心情，屈原已有了绝望与弃世之心：

世溷浊莫吾知，人心不可谓兮。
知死不可让，愿勿爱兮。
明告君子，吾将以为类兮。

不为浊世所知、难觅知音和不甘同流合污的他，已经意识到死亡不可避免，明告先贤自己将去与他们为伍。

《悲回风》应是屈原第二次放逐后流亡至南荒多年后的一年秋天所作。诗歌以一句“悲回风之摇蕙兮”开篇，描绘出一幅秋风摇蕙、万物零落的肃杀秋境，并触发了诗人内心“心冤结而内伤”的悲凉心境。诗人再一次想到了彭咸：

宁溘死而流亡兮，不忍此心之常愁。

孤子吟而抆泪兮，放子出而不还。

孰能思而不隐兮，昭彭咸之所闻。

他宁愿投身激流而逝去，也不愿忍受这无边的愁苦的折磨。自被放逐以来，孤苦无依的他揩干了眼泪，还是盼望不到还家之日。每念及此，诗人内心总是隐隐作痛，而同时就会清晰地听到来自彭咸召唤的声音。这正是屈原内心赴死意识的流露。

《惜往日》应是屈原三篇绝命词的最后一篇。从内容看，这酷似屈原自作的一篇讣闻。诗篇对自己的政治生涯作了一个回顾、总结，先追忆了自己被怀王信任、修明法度、开启国强民富局面的得意政治岁月，然后如何见谗被疏，其中不乏痛惜自己将一生的政治理想错置庸君之手的悔意，最后决定赴身渊流，以身殉国：

宁溘死而流亡兮，恐祸殃之有再。

不毕辞而赴渊兮，惜壅君之不识。

此时的郢都已经被秦军攻陷，楚国的亡国命运已成定局。即将再遭祸殃和当亡国之奴的惶恐之心向屈原袭来，经此世变、义无再辱的他，决定投身激流而快速死去。屈原话未说完，便赴身渊流，只是痛惜自己的一片赤忱之心未被昏聩的君王所领会。屈原在赴渊沉流之际这一“恐”一“惜”的心理表白，既可看出他以生命的全部代价去追求人格的大高洁和忠于自我理想的决心，也流露出自己的政治理想毁于昏君之手的悲慨以及对岌岌可危的楚国命运的大痛大悲之情。

可以说，屈原是非常自觉地选择死亡的。他以死亡这一令人后怕的自然形式实现了殉道的崇高。在这一点上，屈原超越了儒、道两家的生死观念。

规避死亡问题是儒、道两家的策略。孔子所谓“未知生，焉知死”，要求人把关注的重点放在“生”上。孔子说：“朝闻道，夕死可矣。”这与其说是死的自觉，毋宁是生的追求，表达出时不我待的求道精神。儒家倡导“立德、立功、立言”的“三不朽”价值观，即是警醒个体去努力攒取生的价值和意义。儒家认为，人活一世，若有此三者传于世，就可以善终、安息，这是生之最大幸福。人生的最大悲哀不是死亡的终究要来临，而是在短促的生之中所创造的价值和意义太少。与其畏死，不如重生，这是儒家哲人所追求的生死理想。

道家则视死亡为人向自然复归的过程。道家认为：“人之生，气之聚也。聚则为生，散则为死。”即自然之气的凝聚与散逸，便构成人的生与死。生死是很平常的自然之道。死亡就如同叶落归根，以融入土地的方式再一次亲近自然，这是人的最后舒放，甚至是解脱。人一旦死亡，便了无牵挂和负累，“死，无君于上，无臣于下，亦无四时之事，从然以天地为春秋，虽南面王乐，不能过也”，这是一种解脱的轻松和快感。基于这种认识，庄子主张以达观心态对待死亡，大可不必悦生而恶死。庄子便是这种顺乎天情的死亡哲学的实践者，其妻死，“箕踞鼓盆而歌”。庄子乐待亡妻的超然心态正是其齐同生死观念的亲身实践。

无论是儒家的重生安死还是道家齐同生死的死亡观，都规避了人之死亡这个巨大的存在本身，而是把人对死亡可怖的心理想象、忧惧转移到努力过好今生今世的感性现实生存中。虽然它可以减轻人对死亡的心理恐惧，不失为一种用心良苦的现实关怀，但与此同时，也削弱了人对生命丰富性的感受。

有生必有死，生死相随，才是真实的人生。取消了死亡这把高悬在人头上的达摩克利斯之剑的威胁与催逼，其实难以真正让人感受到生的幸福与全部含义。生活的智慧总是辩证的。缺少对死亡这个巨大本体的痛切感受，怎么能体会到生的美好呢？所以，孔子一生虽然也遭逢挫折，郁郁不得志，但很难在他身上看到那种深刻的生之哀伤、生之悲愤与生之眷恋的人生之情，而只是对人事不公和似水流年作一般性喟叹。

逃避死亡，还是一种人性的懦弱。直面死亡，在某种意义上，代表着一个人追求理想、尊严的勇气和抗争苦难的精神。在一个不大洁净的现实世界里，如果一个体通过正常的手段难以保障他有尊严地活着，那么选择死亡，可能是其维护生之尊严的最后武器。莎士比亚曾借哈姆雷特之口说："生存还是毁灭，这是个问题。高贵的心灵，究竟该忍气吞声、忍受暴戾之命运的矢石交攻呢，还是该挺身反抗这无边的苦恼，将它们扫除干净？"维护"高贵的心灵"的尊严需要，才使"生存还是毁灭"作为一个巨大的问题呈现在人的面前，并激发出个体以生命为代价的抗争精神。如果选择苟且偷生地活着，就不会有这问题。如此看来，逃避死亡，恐怕非人求生本能的一般性流露，还是主体生存态度与方式的"精神缺钙"。

尽管儒家也讲高于生命的"仁""义"，道家有傲视权贵的精神，但是"生存还是毁灭"这个尖锐矛盾没有进入儒、道两家的视野中。儒、道两家均只考虑"生存"这一维，如何最大限度地实现和享受现世价值和快乐，而避谈"毁灭"的问题。

譬如，孔子大讲“食不厌精，脍不厌细”的美食之道，闲居时容貌舒和，且穿戴整齐。一个对世俗享受如此贪恋、讲究之人，他会有闲暇去想“毁灭”或死亡的问题么？“生存还是毁灭”对儒、道两家之所以不构成问题，归根结底还是其实用理性，把追求现实名利视为绝对目标，而将捍卫尊严看作相对目标。苟有可以实现现实名利者，则委屈一下自己的尊严亦未尝不可。这使得他们捍卫人之尊严的决心非常有限，没有为此献身的血性，甚至还有苟且偷生之嫌。孔孟的“明哲保身”，老庄的“和光同尘”，均可作如是观。

按儒、道两家的生死观，屈原均可不死。他可像孔子那样“干七十余君”，或退而收徒讲学；亦可如庄子那样遗世独立、逍遥于自然之中。但屈原非常自觉地超越了孔子、庄子委曲求全、长于变通、自我麻醉的存身之技。他把人的尊严和自我理想看得太重了，视为比现实名利更宝贵的绝对价值。在腐朽的楚国社会里，当他被剥除了一切维护自身尊严和实现理想的途径时，那么赴死便是成全自我的最后手段了。在这里，直面和选择死亡的勇气，就是不甘命运、维护尊严、守望理想的主体精神，显示出人性的高贵。

屈原之死是一个悲剧。鲁迅先生说，悲剧就是把有价值的东西毁灭给人看。应该说，将屈原推向死亡的渊薮还是其理想主义的精神个性。但是，只要理想社会尚未到来，人类还有建设美好社会的精神诉求，还不至于堕落成行尸走肉，那么理想主义将是推动自我和社会完善的永恒精神动力。理想主义就会有其难以替代的精神价值，是有价值的东西，不容置疑和否定。或许，我们要诅咒的是漆黑一团、腐朽的楚国政治，是它使屈原对人之尊严、理想这一有价值的东西的追求最终化为泡影。正是在这个意义上，我们说屈原之死是个悲剧。

屈原之死又是美的，更具体地说是以身殉道的崇高美。他的死亡，显示了人生在世还有较之生命更为宝贵的东西，那就是理想、尊严和人格。本来，死亡作为对生命的否定，它是丑的，显示出个体生命在强大的新陈代谢的自然法则面前的无奈。但是，当死亡能够确证理想和尊严的价值时，那么这个让人无奈、丑的自然形式就顿时抹上了美的光辉。从美学角度看，所谓美就是指人的本质力量的对象化。当死亡融入理想与尊严这一人之本质力量的对象化的实现过程中，那么它就会染上美的色彩。

屈原之死是美的，还在于它是理性和感性的统一。屈原把理智上选择以身殉道的清醒与情感上对自身失意政治命运的沉醉统一起来了。一方面，屈原正是明确了要以死亡成全自我理想与尊严的时候，才使他对自己的失意政治命运没有停留于自怨自艾的一般性喟叹中，而是迸发出极为浓烈的情感哀伤。既然连生命都已经决意舍弃了，那么还有什么可害怕的呢？于是，屈原满怀情感、无所顾忌地上下求索，来倾诉、诅咒、发问，来拷问是非、善恶和美丑。另一方面，屈原由于主观情感上对自身政治理想和楚民族的使命感太较真了，将其视为人生的全部，因而一旦“信而见疑，忠而被谤”，便必然会觉得自己的人格尊严受到了极大的侮辱，且会陷入茫然之境，再难觅其他的安身立命之本了，这样一来，就难免产生理智上的“不值得活”的念头。屈原对一切人事得失和认定的某一理想确乎沉醉太深了。如果像儒家那样有“达则兼济天下，穷则独善其身”的善变，或如道家那样有“举世誉之而不加劝，举世非之而不加沮”的麻木，都不会有“不值得活”这一主题。

正是屈原思想和情感的统一，使他之死有了美的意义。他把抽象的以身殉道的理性律令转化为了可感可触的情感内容。在美学上，所谓美是理念的感性显现。因而，献身死亡，即便是重若泰山之死的理性抉择，只有显象为个体生命的感性、具体的情感意绪，才会显现出美的光辉；否则，它仍然只是某种抽象的道德理念或律令。更为具体地说，死亡，在其自然形式上，不过是呼吸和心跳的停止，是一瞬间的事情，本身无所谓美与丑，甚至就是丑的；但是当个体对死亡的反思和选择，展示出了生之丰富性、深刻性，肯定了人性中的美好的思想情感，那么这种死就具有了美的意义。屈原之死就是如此。他以死亡的选择抒发了全部的人生之情，其中既有死的凄苦、悲哀和无奈，又有对生命的眷恋、执着和欢欣。他在赴死之中凝聚了丰富的苦痛爱恋的人生情感，发射出了生的多彩光芒。

在中国历史上，应该说是屈原把以身殉道这一抽象的伦理内容转化并积淀在具体、丰富的人生之情中，从而成为让人可以触摸、感知到的真实存在形式。他以自我的毁灭申诉了理想、尊严、人格至高无上的价值，成就了一个彻头彻尾的理想主义者的人生范式。这大概就是屈原之死的原型意义和震撼人心的崇高力量之所在吧。

主体意识

屈原理想主义的精神个性，其形成原因是多方面的，与基于其特殊贵族身份的优越感，超俗的个性特征，特别是其敏感多思、情感热烈而又固执己见甚至自负的独异心理素质，均有关。如果从更为宏阔的哲学视野看，屈氏理想主义的精神个性是先秦时代中国人主体意识觉醒、自觉的表征。

什么是主体意识呢？它是指人作为一种天覆地载的生命所具有的自主精神，有独立思考、自由判断并自己选择自己的生活方式和道德理想的权利。人的主体意识归根结底是人的思想自由问题。通俗地说，所谓主体意识就是“做自己的主人”，自己为自己做主，有自主选择人生态度、生活方式、人格理想的权利和自由。

从人类历史的发展过程来看，人的主体意识并非从来就有的，而是历史发展到一定阶段的产物。即是说，人的主体意识有一个从无到有的演变过程。

就先秦历史而言，大致说来，西周之前先民的主体意识尚未得到解放。这集中表现为“人为神的奴仆”，即人的言、行唯神灵是瞻。西周之前，夏、商两朝是一个神灵主宰一切的时代，具有浓厚的宗教风气、神灵观念。据说商人最迷信，凡事必占，遍祭众神：“殷人尊神，率民以事神”。

先秦文献和甲骨卜辞记载了大量的占卜、祭神之事。大凡政权的兴衰、战争的成败、年成的丰歉、出行的吉凶、天气的阴雨风晴，以至人事任免、生老病死等，事无巨细，无不问神占卜，都在神灵的旨意下进行。

文献所记载的“商汤祈雨”事件最为典型。商汤自征伐夏桀之后，中原地区连续数年大旱，农业歉收，生民叹息。于是，商汤王在桑林亲自主持祭神仪式求雨。他剪下自己的头发和指甲，坐在燔祭的柴薪堆上，不惜以自焚为代价，虔诚祈祷神灵降雨。他的这些举动感动了天神。这时苍天风起云涌，大雨滂沱，万民欢腾，商汤因此幸免于葬身火海。在古代，农业生产主要靠大自然雨露的恩赐。雨对农作物的重要性是不言而喻的。古人并不明白下雨纯属自然现象，还以为是神灵支配的。因此，才有了商汤王这一惊天动地的“桑林祈雨”的悲壮之举。在这一惊天地泣鬼神的祈雨仪式中，人力无法胜天，天神却神通广大，人的卑微、渺小而天神的至尊、高大，一目了然。

夏商时期，这种遍存于上至国家政治生活，下至百姓日常生活之中的占卜、祭祀现象，意味着当时人们的主体意识还尚未觉醒。他们还没有自主掌控自身生存命运的意识和能力，而是将其寄挂在神灵的身上。在此，天神、上帝成了左右人间事务的至上力量，而人对自然及自身命运显得极为不自信与无力。当人还匍匐在神灵的脚下时，人的主体意识当然就处于被掩埋的状态中，人的主体性也就无从谈起。

但是，至西周之际，情形有了变化。王国维曾说过：“中国政治与文化之变革，莫剧于殷周之际。”这准确地道出了这一历史阶段的时代旋律。最突出的表现正是，中国人开始从夏商时期“人为神的奴仆”状态中解放出来，逐步萌生人之为人的主体意识。

周人一方面“敬鬼神而远之”，在现实生活中逐渐放弃天启神祇的观念，另一方面明确提出“惟人，万物之灵”这种自我确认的价值观念。这说明，在周人那里人、神关系开始易位了。与殷人浓郁的神灵观念相比，周人的主体意识开始觉醒。周人自觉地改变了殷人唯神灵是瞻、甘做神灵奴婢的观念，并努力将天神掌控人世间一切事务的权力收回归人自身。《尚书》说：“天视自我民视，天听自我民听。”这句周武王反抗殷商王朝时所说的话是周人自主意识喷发的嘹亮宣言。意思是说，天神的眼睛就是民众的眼睛，天神的耳朵就是民众的耳朵，言下之意就是天神要按照民众的意愿来办事。这说明周人对“天命”观念有了反抗之心，不再对之安之若素，而有了自主把握自身生存命运的主体意识。

殷周之际，中国人这种涌动着的主体意识最为集中表现为周公制礼作乐的伟大创造。用今天的话说，所谓“礼”，就是制度文化建设，是周人有意识、理性地建立起合乎规范、有秩序的生存制度体系；所谓“乐”，就是观念文化建设。礼乐文化建设，是周人按照人类自身的意愿而非神灵的旨意来安排生存活动，是人类基于自身理性而自我管制、自我约束的有益尝试与实践。礼乐文化完全是基于人类的自主、创造精神而凝结成的文明成果。

因此，周公制礼作乐标志着先秦时代中国人已经把目光由仰视、膜拜神灵转向了关注、肯定人自身的创造力量。这是一次人、神易位的文化巨变。殷人习惯了神灵来安排他们的生活，周人则努力挣脱神灵的襁褓。在挥手告别神灵的同时，“郁郁乎文哉”的礼乐文化创造，让先秦时代中国人第一次找到了自信，即没有神灵的庇护，完全可以创造出更为文明的生存方式。受此激励，至春秋战国时代，中国人开启了更为强劲的张扬人之主体性的思潮。

如果说殷周之际的人、神易位的文化转折对先秦时代中国人的主体意识的苏醒有里程碑意义的话，那么春秋战国时代社会转型的动荡岁月对先民的主体意识的确立则起着助产婆的作用。

春秋晚期以降，伴随着牛耕、铁制农具的运用和农业生产力的提高，私有制度逐步确立。但与此同时，社会却出现了结构性震荡和价值观念危机。礼崩乐坏，物欲横流，斯文扫地。烽火、掳掠、坑杀、屠城此起彼伏，激烈的兼并战争视人的生命如草芥。凡此说明，文明的飞速发展走向了它的反面。人类在改造自然、获得巨大物质财富的同时，人自身却成了弃儿。这种文明发展进程中的吊诡现象，则唤醒了人们对生命价值的忧思。

正是受先秦时代人、神易位的文化巨变和生命忧思的双重刺激，先秦时代中国人对人的主体性和生命的价值与尊严的张扬与确认，有了更为强烈的精神诉求。主体之人自身的福祉、生命的尊严和人生意义成为关注对象。

人的主体意识的觉醒、自觉，其高级形态就是理想人格的提出。所谓理想人格就是人格上的完美典型，是做人的最高标准。它是人的主体意识中的自觉、成熟部分。理想人格的提出，一般是个体先树立一理想人生之观念模式，然后依此理想反思、批判和超越现实。春秋战国时代，儒家、道家、屈原都提出了自己的说法。

面对晚周以来无道的衰世与乱世，儒家倡导“成仁取义”的君子人格，要求天下士子做到“富贵不能淫，贫贱不能移，威武不能屈”，面对暴力威胁和人间苦难，有“三军可夺帅也，匹夫不可夺志”的意志坚定性，有“杀身成仁”“舍生取义”的拯救精神，面对自然灾害，有“人定胜天”的自信。道家则倡导“逍遥世外”的真人人格，要求士人能够超越现实名利的诱惑，不做人欲、物欲的奴隶，不为名缰利锁，葆有婴儿般的赤子真心，而去追求精神与生命自由。

但是，儒、道两家对人的主体意识的张扬均有限。他们的思想逻辑和思想践履，在张扬人的主体性的同时，存在着消解人的主体性的一面。

对于儒家而言，是社会自食，即强大的现实社会逻辑吞噬了人自身。一方面，儒家弟子没有在践行人的主体精神方面作出很好的表率。即是说，他们没有以全身以赴的慷慨血性去践履仁的最高理想——治国平天下。孔孟周游列国，推行仁政，面对重重挫折，最后都屈从了现实，选择了退而收徒、讲学。这种面对困难便绕道而走，不敢直面苦难的举动，很是让人怀疑儒家倡导的人之主体精神有几分力量。如果说，殷人有臣服于神灵的卑微，那么孔孟儒家同样有屈从于社会现实的软弱。如此一来，儒家口口声声大力鼓动的人之主体精神，又从何谈起呢？另一方面，孔孟儒家讲“克己复礼”，致力于重建“君君、臣臣、父父、子子”的等级社会，也是对人之主体性的消解与背离。既然每一个社会成员都要忠实地扮演好合乎自身等级身份的角色，不能越雷池半步，甘做等级社会中的一颗“螺丝钉”，那么人的自主精神、自由个性又于何处寻呢？

对于道家而言，是自然自食，即自然这个异己力量吞噬人自身。当老庄道家竭力倡导人类去仿效自然界的植物、动物那样自生自灭、自适其适地生存时，那么人之为人的社会性在何处呢？人与动物的生存模式的区别在哪里？显然，文明社会中的人们有谁愿意返回到那种无知、无欲、无情的动物和植物般的本然生存状态中去呢？诚如李泽厚先生所说：“自然性并不就是‘人的本性’，动物性的个体自然存在也并不自由。”所以，老庄对自然性生存的诗意畅想，倡导人类的生存模式向自然复归，实际上模糊了人类生存的文明态与动物生存的野蛮态的界限。

无论是儒家还是道家，都强调“天人合一”。但是，是“天合人”，还是“人合天”，对儒、道两家来说，都是未曾思考的问题。事实上，不是“天合人”，而是“人合天”，在“天人合一”的诗意理想背后，是人被天，或为“社会性的天”

(儒家)，或为“自然性的天”（道家）所规定的现实。所以，在“五四”新文化运动中，追求绝对自由个性的人们对儒、道两家均展开猛烈的批判，是不无道理的。

至战国后期，屈原把先秦时代中国人对人之主体意识的张扬推向了极限。什么是屈氏的理想人格？本书第三章归纳为“上下求索”“独立不迁”和“好修为常”，归根结底就是拥有绝对的自由意志。形象地说，我是我自己的，是一个顶天而立地的人，不允许有任何外在的力量干涉、束缚自己的思考与选择，也不屈从、依傍于任何外在的力量。于是，屈原可以肆无忌惮地倾诉、诅咒、发问，来执着地逼问人世间一切是非、善恶、美丑的原形。政治的成败，是可以理解的么？所以“离骚”。天命的秩序是合理的么？所以“天问”。楚国的前途命运何在？所以“上下求索”。朝秦暮楚的时代士风，应该屈从么？所以“独立不迁”。民生各有所乐的世俗享受，我抵制得住诱惑么？所以“好修为常”。在这里，人作为“这一个”的个体性、独特性和至上性，得到了空前的突出。

对屈原来说，他不再想哀而不伤、温柔敦厚，压抑自身个性，顺从社会，所以“发愤抒情”，诅咒丑恶，超越现实；不再想故作逍遥，自我麻醉，逃避社会，所以对渔父式的隐逸生活敬而远之；不再想做人欲和物欲的奴隶，沉沦于社会，所以对世俗的诸般享受多有不屑之心。他多么想得到君王的垂顾，但念及要委屈自己的人格、尊严来邀宠，则旋即望而却步。尤其是，他能做到言行相顾、知行合一。既然认定了要为楚国的前途、命运“导夫先路”，就应该将此政治理想视为终身信念，不因时间、环境的改变而消弭，不因困难、挫折而另立他志，另走他途。在这里，那种一以贯之的理想、信念、个性与人生操守，神圣不可凌辱。

这种对绝对自由意志的追寻与践履，是先秦时代中国人主体意识的觉醒、自觉的最后、最高境界。不止屈原，曹沫、专诸、豫让、聂政、荆轲、要离等一批叱咤时代风云的侠士均如此。他们都为自己心中的那个理想、信念而全身以赴，不惜生命。司马迁在称颂侠士的崇高精神时说道："其言必信，其行必果，已诺必诚，不爱其躯，赴士之厄困，既已存亡死生焉，而不矜其能，羞伐其德。"一诺千金、仗义天下是侠士的人生信念与操守。侠士的人格魅力就在于他们全然为此信念、操守而生而死。一诺千金、仗义天下并非图生前身后的名利，而是"从道不从君"，为着信守、兑现自己的诺言。

战国时期，刺客荆轲充分展示了深情气豪、仗义天下的侠客美。荆轲，卫国人，自幼"好读书击剑"，战国末期燕国太子丹的养士。在燕国遭遇强秦灭国之灾时，为实现对燕太子丹的诺言而毅然提剑出燕京，刺杀秦王。临行之前，好友高渐离击筑为其饯行，荆轲慷慨为歌："风萧萧兮易水寒，壮士一去兮不复还！"可见，他是抱着必死之心赴秦的，歌泣四座群英。在"凌厉越万里，逶迤过千城"后来到秦国，因"图穷匕见"，刺杀未遂，而身死秦国。荆轲虽殁，但其反抗强秦、为燕国伸张正义的大侠之美却千古流传。荆轲墓的墓联有道是："身入狼邦，壮志匹夫生死外；心存燕国，萧寒易水古今流。"

屈原理想主义的精神个性与其绝对的自由意志互为表里。理想主义作为一种现实的人生态度与生活方式，正是受其绝对的自由意志所支配和指导。如果立足于先秦时代中国人主体意识觉醒、自觉的宏观文化哲学背景，我们可能对屈原理想主义精神个性的形成原因会有比较深刻的理解。

第 5 章

历史影响

不管历代对屈原美学作何种评价，它在当时和后世形成了客观的历史影响，是毋庸置疑的。这从历代大量的注骚著作、评骚言论和拟骚作品即可见出。在历代评论屈原美学的言论中，司马迁和刘勰之论堪称代表。

司马迁说："其（屈原）志洁，故其称物芳。其行廉，故死而不容自疏。濯淖污泥之中，蝉蜕于浊秽，以浮游尘埃之外，不获世之滋垢，皭然泥而不滓者也。推此志也，虽与日月争光可也。"

刘勰说："故《骚经》《九章》，朗丽以哀志；《九歌》《九辩》，绮靡以伤情；《远游》《天问》，瓌诡而慧巧；《招魂》《大招》，耀艳而深华；《卜居》标放言之致，《渔父》寄独往之才。故能气往轹古，辞来切今，惊采绝艳，难与并能矣……其衣被词人，非一代也。"

司马迁与刘勰，一个为史学大家，一个为文论巨擘，对屈原的精神、人格与艺术，均推崇备至。屈原之影响、折服人心，于斯可见。

“衣被词人，非一代也”

屈原美学的影响，首先在于它开启了中国文学中的哀怨文学传统。在中国文学中，文学抒发哀怨之情，并不始于屈原，而是《诗经》“男女有所怨恨”的低吟浅唱，但确是屈原才把哀怨情感注入完美的艺术性表现之中，把一己之怨情与忧愤深广的社会性情感结合起来，从而将自然性、个体性的情感提升为具有社会性、普遍性的情感，其影响渐成浩瀚之势，铸成了文以泄怨发愤的文学长河。

屈原之后，贾谊、陶渊明、柳宗元、蒲松龄以及许许多多的人，均受屈赋的沾溉，以文学作为发愤抒情、宣泄哀怨、揭露时弊、讴歌光明的武器，共同点缀成中国文学哀怨传统的灿烂星河。

贾谊，西汉初期的一位杰出的文人士大夫，年轻有为，才华出众。十八岁时，即以文才显名。二十一岁时，经人举荐，被汉文帝招为博士，成为皇帝的内参。翌年，又被破格提拔为太中大夫。贾谊写过《过秦论》《论积贮疏》等政论文章，向汉文帝大胆陈述自己的政治韬略与改革措施。但是，由于贾谊的锋芒毕露，又不擅长权衡轻重和利益博弈，这使他招致无德者的妒忌，其锐意改革又得罪了权贵。二十三岁时，人缘不佳、遭人毁谤的贾谊被贬长沙。此后，几乎一蹶不振，抑郁而死，才活了三十二岁。

失宠后哀伤自悼的贾谊在文学作品中抒发了自己的不幸遭

遇和政治苦闷。在被贬后去长沙的途中，途经湘水，他想到了屈原，以屈原的坎坷、遭遇自喻，悼古伤怀，作了《吊屈原赋》。在这首赋中，他慨叹屈原的不幸，对他寄予极大的同情，并揭露了是非不分、黑白颠倒的污浊的现实政治环境，抒发了自己不受重用的不平和不甘屈服的心情。

陶渊明，以其“不为五斗米折腰”的精神，而为人所敬仰。作为一位隐逸诗人，常给人以潇洒飘逸的感觉，但也常常流露出金刚怒目的凌厉精神。在《读山海经》《咏荆轲》等作品中，陶渊明通过吟咏精卫、刑天、荆轲等人，抒发了自己不满现实的激愤之心与反抗精神。

柳宗元，被很多评论家视为“深得骚学”精神，与屈原具有大致相似的遭遇。作为一个改革的失败者，柳宗元在其文学创作中表现出了与屈原一样的哀怨幽深的情感。屈原有《天问》，柳宗元有《天对》。读柳诗，必须知晓他坎坷不平的仕途生涯，才能深得其味。

蒲松龄，出身于没落地主家庭，一生热衷科举，却始终不得志，垂垂老矣之时才勉强补为贡生。因此，他对科举制度的不合理性有着痛切的感受。他耗毕生精力创作的《聊斋志异》，在奇闻逸事、神灵鬼怪的故事中，充分表达了自己歌哭无端的爱憎之情和美好理想。

总之，屈原强烈的哀怨意识已经融入历代无数文人士大夫的血液之中，因而反映哀怨情感的作品也代代相传，成为中国古代文学一种十分重要的创作传统。

中国古代知识分子具有相对单一的价值取向，积极入世、学而优则仕是大多数知识分子的立身准则。然而，在中国古代的皇权社会里，知识分子的政治价值的实现只能寄挂在君王身上。因而，一旦君王专制昏庸，小人结党营私，势必使知识分子自身的用世理想受到不同程度的挫折。“积极入世——施展才华——被谗见疏”的人生三部曲是中国古代许多文人士大夫的共同人生道路。这种仕途跌宕催生了文人士子的哀怨之情，也擦亮了他们的目光，使他们看到了社会黑暗的一面。而且，这种相似的人生经历、命运和遭遇，特别容易使他们之间产生心灵的共鸣。屈原之后，那些失意的文人士子惺惺相惜，以屈原发愤抒情的文学救赎方式为知音。由此，一条中国古代文学创作中的哀怨传统便绵延下来。

不啻文学创作，屈赋强烈的哀怨情感也影响着中国文学理论——“发愤著书”说。自屈原在《惜诵》中提出“惜诵以致愍会，发愤以抒情”的观点后，后世文士对此均心有戚戚焉，不断发展和丰富着“发愤著书”理论。

司马迁首先对其进行了浓墨重彩的渲染。他说：“昔西伯拘羑里，演《周易》；孔子厄陈、蔡，作《春秋》；屈原放逐，著《离骚》；左丘失明，厥有《国语》；孙子膑脚，而论兵法；不韦迁蜀，世传《吕览》；韩非囚秦，《说难》《孤愤》；《诗》三百篇，大抵贤圣发愤之所为作也。此人皆意有所郁结，不得通其道也。故述往事，思来者。”在这段话中，司马迁显然感触良深。这与他自身的人生与创作经历是分不开的。司马迁少有壮志、抱负，饱读史书，因莫须有之灾而牵连，受刑取辱，发愤而作这一被誉为“史家之绝唱”之作《史记》。他以自身的经历和感受，体悟到古往今来的优秀作品，都是发愤的结果。

继司马迁之后，许多文人对屈原精神皆有阐发，其中以韩愈的“不平则鸣”说和欧阳修的“穷而后工”理论最为知名。

韩愈在《送孟东野序》里提出了流布甚广的“不平则鸣”说：“大凡物，不得其平则鸣，草木之无声，风挠之鸣；水之无声，风荡之鸣……金石之无声，或击之鸣；人之于言也亦然，有不得已者而后言，其歌也有思，其哭也有怀。凡出乎口而为声者，其皆有弗平者乎！”韩愈从物说到人，指出“不平则鸣”乃是人与物共有的普遍现象。当然，韩愈所谓“不平之情”既指怨愤之情，也包括欢乐之情。韩愈说过：“喜怒窘穷，忧悲愉佚，怨恨思慕，酣醉无聊，不平有动于心……可喜可愕，一寓于书。”这说明，韩愈的“物不得其平则鸣”是情兼悲与喜的，并不偏主某一方面。

但是，“不平则鸣”说更重怨情，这反映出它与屈原以来的哀怨传统继承性的一面。韩愈说：“和平之音淡薄，而愁思之声要妙；欢愉之辞难工，而穷苦之言易好也。是故文章之作，恒发于羁旅草野。至若王公贵人，气满志得，非性能而好之，则不暇以为。”他认为“愁思之声”“穷苦之言”胜于“欢愉之辞”“和平之音”，就在于前者是“发于羁旅草野”的真性情之流露，而后者为王公贵人“气满志得”的应景之作。这说明，韩愈明确意识到了怨愤性情感与其他情感相比，更容易产生好的文艺作品。

正是沿此思路，欧阳修提出“穷而后工”理论。他说：“予闻世谓诗人少达而多穷。夫岂然哉？盖世所传诗者，多出于古穷人之辞也。凡士之蕴其所有，而不得施于世者，多喜自放于山巅水涯之外，见虫鱼草木风云鸟兽之状类，往往探其奇怪，内有忧思感愤之郁积，其兴于怨刺，以道羁臣寡妇之所叹，而写人情之难言；盖愈穷而愈工。然则非诗之能穷人，殆穷者而后工也。”这对怨愤之情能够产生好文艺作品的认知已经非常明朗化了。这种对什么情感能产生好文艺作品的规律性认识，不能不说是对发端于屈原的“发愤著书”说的深化。

人是生而有情的。当喜怒哀乐之情积聚到一定程度，必然要抒发出来。通过宣泄抒情，排解自己的欢乐、郁结，从而使心理达到平衡、平静。而怨愤性情感更容易催生优秀的文艺作品，也是事实。一般而言，当一个艺术家身处穷境时，他省察社会的目光更亮，观照人性的思绪更深，会把理想破灭、壮志难酬的现实贫困转化为澄心静怀、殚精竭虑地进行艺术创作的强大精神动力。伟大的作品往往与社会和艺术家二者的巨大苦痛分不开，是被中外艺术史所证明了的普遍现象。

在中国古代美学史上，“发愤著书”说是对儒家“哀而不伤”的美学理念的突破。屈原之前，儒家倡导中庸之道，强调理性对情感的节制。这反映到诗歌创作上，就是“温柔敦厚”的诗教，主张文艺创作不可过分地抒发情感，以免伤己伤人。这一套“温柔敦厚”“哀而不伤”的美学理念有伸张人自我克制的理性光辉的优长一面，但也存在着压抑人自由抒发情感的天然人性的局限。到了屈原，他那种如火山爆发般的率性抒情，无疑冲破了“哀而不伤”的束缚，具有人性解放的意义。

屈骚与儒道互补

如果从先秦美学的共时性语境来看，那么屈原美学的独特价值在于，它贡献了一种有别于儒、道美学的新的美学范型。美学家们几乎一致地将屈原美学与儒家美学、道家美学以及后来的禅宗美学并列为中国美学史的四大流派。李泽厚先生的看法堪称代表，他正是将屈原美学放置到与儒道两家的对比中加以审视：儒道两家对于屈原都是既有肯定又有批评。从儒家的观点看来，他在根本上肯定礼法是可取的，但不愿受严格的礼法的约束似乎是不可取的。从道家的观点看来，他不受严格的礼法的束缚是可取的，但不愿从根本上否定礼法则是不可取的。由于肯定儒家的礼法而又不受严格的礼法的束缚，这就使得屈原既坚持了儒家面向社会的积极的入世精神，但又比儒家更多地赋予了个体的爱好情感以重要意义。所以，在美学上，屈原的作品一方面显示了人格的伟大，另一方面却没有儒家那样严肃枯燥的道德说教。历代对屈原作品的评论，差不多一致地指出了它的两大特点：一是志行的高洁，二是辞藻的华丽。这就是说，它不但表现了个体人格的善，而且把这种善提升到了鲜明强烈、色彩缤纷的美的境界。较之儒家美学，屈原给予了美更高的地位。不过，在另一方面，由于屈原在根本上是肯定着儒家礼法的，对儒家礼法的合理性没有怀疑，这又使得他的美学思想在对丑恶事物的批判的力量和深刻性上不及从根本上否定礼法、揭露礼法虚伪性的道家。但屈原从不回避和逃遁于尖锐激烈的社会矛盾之外，始终勇敢地面对惨淡的现实，这种勇气和积极力量又是道家所不及的。

屈原美学在多方面都表现出与儒、道美学的本质区别，从不同向度对儒、道美学作了补充。就构成儒家美学的补充一面而言，如张法先生所指出：“屈原之不同于孔孟之处就在于，面对君王昏聩，他不退不隐，为国为己，一往情深。儒家的天下胸怀，只有在屈原这里，才形成了中国文化的忠臣形象；儒家的‘杀身成仁’‘舍生取义’，只有在屈原这里，才得到了真正的落实。有了屈原，儒家才有了敢爱敢怨、有勇有情的真性。这样儒家就有了三个方面：治世之际的治国平天下的雅儒；乱世之际的孔颜乐处；乱世之际的舍身忠臣。”

就构成道家美学的补充一面而言，亦如张法先生所指出：“老庄的选择，彻底地避世全身，他不触动大家长的现实权威，以保全自己的生命为第一，从而缺失了社会责任感。屈骚传统的一往情深，进入道家，造就了魏晋风度。从美学的角度看，可以说，道家加屈骚构成了玄学的美学。没有屈骚，道家只有全身远害的形而上超脱，加上屈骚，形而上的超脱就转化成了既独立于朝廷，又独立于乡村的士人情怀。”

屈原美学在中国美学中之所以能区别于儒、道美学而可以单独列出来作为一个主干，归根结底在于他贡献了一种独特的士人心态，这就是理想主义的精神情怀。屈原以理想主义的精神个性为底蕴，对中国美学的贡献，首先在外在的美学形式上就是瑰丽超逸之美。这既与儒家美学看低玄思、想象的作用，又与道家美学专重素朴之美、内在美区别开来，突出了自己的独特意义。

屈原美学在根本上既不属于儒家，又有异于道家之处在于其人格范式：既有一以贯之的理想信念、用世之心，又有坚守独立人格的顽强意志，对社会和自我都一往情深，并以死祭奠之。尽管后世鲜有人以屈原人格范式为榜样者，但屈原精神始终给人尤其是失意士子以精神、情感和意志上的昭示、激荡和鼓励。屈原以理想主义的人生信念与生活态度在理想人格之完善、人生理想之信守，以及理想主义艺术境界之开拓两方面，均为国人塑造了典范。此诚其有别于儒、道美学之所在，也是对中华古典审美的独特贡献。

当代意义

任何一种思想精神都是优长与局限并存的。“取其精华，去其糟粕”，可能是后人对待任何一种文化遗产的唯一正确态度。对待屈原精神亦应如此。

毋庸讳言，屈原精神有其历史的局限性。自汉代以后，有人讥讽屈原过于“愚忠”，或指责屈原“露才扬己”。“五四”以来，郭沫若、鲁迅等人从时代的现实需要和个人的思想立场出发，都不乏对屈原的批判之音。

郭沫若说：他能够自沉是他的“行己有耻”，是他的人格过人，不像后世有好些文人一遇着威逼便觍颜事仇而歌功颂德。但他既有自杀的勇气，为什么不把当时的民众领导起来，向秦人作一殊死战呢？

鲁迅先生说：“惟灵均将逝，脑海波起，通于汨罗，返顾高丘，哀其无女，则抽写哀怨，郁为奇文。茫洋在前，顾忌皆去，怼世俗之浑浊，颂己身之修能，怀疑自遂古之初，直至百物之琐末，放言无惮，为前人所不敢言。然中亦多芳菲凄恻之音，而反抗挑战，则终其篇未能见，感动后世，为力非强。刘彦和所谓‘才高者菀其鸿裁，中巧者猎其艳辞，吟讽者衔其山川，童蒙者拾其香草’，皆着意外形，不涉内质，孤伟自死，社会依然，四语之中，函深哀焉。故伟美之声，不震吾人之耳鼓者，亦不始于今日。”

郭沫若和鲁迅二人在赞赏之余均尖锐地指出了屈原精神的局限，认为屈原未能与旧世界做彻底的决裂，更未能以革命家的勇气和行动唤醒民众来反抗、改造旧世界，所以“孤伟自死”之后，“社会依然”，无补于社会的切实改良。这种批判对屈原是否责之过严，另当别论。无论如何，屈原精神存在自身的历史局限性是不可否认的。

不过，屈原精神的局限似乎不应单纯理解为屈原本人的人格缺陷所致，而是时代之所然。任何人要超越其所生活的时代都是很困难的，今人如此，古人亦然。如果有了这种对历史人物的“了解”与“同情”，那么这就不会妨碍我们以抽象继承的态度去阐扬屈原精神的精华。在去理想化的当代社会，重建理想主义的尊严是屈原精神和美学给予我们的当代启示与意义。

当代中国社会是一个理想主义逐渐式微乃至终结的历史过程。伴随着政治解梏和经济市场化的推进，商业化和世俗化成为不可阻挡的现代化潮流。一方面，在现实生活中那些曾经被政治高压禁锢了的欲望本能以非常迅猛的速度释放出来，长时间饱受物质贫困煎熬的人们以急不可耐的心情扑向欲海之中，不可救药地世俗化。消费主义、享乐主义、游戏人生、物质至上观念甚嚣尘上。“理想，理想，有利就想；前途，前途，有钱就图。”成为流行大江南北的新民谣。

另一方面，思想文化和艺术界也呼应着现实，以一种解恨的宣泄心态对理想主义进行肆意的嘲讽与蹂躏。先是北岛大胆宣布“我不是英雄，在一个没有英雄的年代里，我只想做一个人”，开启当代厌弃英雄主义情愫的思潮先河。继而王朔所代表的“痞子文学”大盛，并受到青年读者的追捧。它以一种激赏的姿态对“一点正经没有”“玩的就是心跳”“过把瘾就死”的痞子价值观毫无原则地予以褒扬，而对理想进行调侃。王蒙的《躲避崇高》一文则是这一思潮较为准确的理论总结。

这种避谈、疏离理想的时代思维和文化时尚，无疑有反感、清算理想主义和乌托邦思想的“假、大、空”之负面效应的一面，然而，诚如黄发有先生所指出：“这种被不断放大的怀疑气质与虚无倾向，在躲避伪崇高、假道学的同时以至于把所有的理想视若瘟疫，这种惯性与惰性逐渐地蚕食了‘信仰’的能力。偏激地与所有的理想主义为敌，无异于为唯利是图的价值观清除障碍、保驾护航。经济优先发展被误认为经济至上，消费主义、享乐主义严重损害了中国人的精神状况，使社会道德水平出现严重的滑坡，知识分子的批判意识遭到持续性的腐蚀。如果彻底丧失了守护独立性、批判性的理想主义气质，与权力、商业同流合污的文学艺术、人文科学就沦落为失去了灵魂的行尸走肉。”

因此，如果我们还不至于堕落成沉沦欲海的“经济动物”，有更高远的精神追求，那么守护理想主义的尊严可能仍然是我们在这个商业化、世俗化大潮的夹缝之中所要为之不竭努力的事业。

重建理想主义的尊严首先需要把理想作为生命的内在支持。理想是个体对生命的可能性的无限渴求，是人类不断进步的内驱力。摒弃理想，个体就可能丧失创造价值的意志力，进而使人生成为一种没有航向、无所归依、如同浮萍的漂泊之旅。

其次要捍卫人的个体性、独立性和批判意识。马克思曾说：“每个人的自由发展，是一切人自由发展的条件。”这意味着每个人所坚守的理想、信念都应受到他人的尊重，也应开放地包容他人有益于人生的价值探求。自己甘当顺世、玩世的小人，就满脸狐疑地怀疑、嘲讽这个世界还有恪守理想、坚持操守的君子的存在，这是一种最要不得的变态心理逻辑。社会应该宽容，个体亦应珍视人的独立人格和自由思想。在理想的烛照之下，现实总是有缺陷的，并必然激发出理想主义者或激愤或冷静地针砭痼弊的批判意识。因此，不宽容、不呵护个体的独立人格和批判意识，无异于剥夺掉理想主义者的存身之地。

最后，就审美艺术领域而言，仍然要固执地坚持这样的信念：人类的审美艺术活动归根结底是一种人的精神性生活，目的和效果都是满足人的精神需要。它需要艺术创作者对现实世界保持一种超功利的务虚态度和终极关怀。舍此主旨而谈审美艺术，均是一种犬儒主义。如果审美艺术创作放弃理想主义的情怀和对现实的批判，而沦落为谋求名利的工具，与现实世界沆瀣一气，那么它也就丧失了塑造、提升人的灵魂的特殊功用。马尔库塞说："假如人们渴望自由，那么艺术就是他们自由的形式和表现。艺术遵从的法则，不是去听从现存现实原则的法则，而是否定现存的法则。"审美艺术只有饱含着创作者的自由意志、批判意识的理想主义情怀，才能真正成为照亮人类精神黑夜的希望之光。

在重建理想主义的尊严的过程中，屈原精神将给当代人以强大的精神感召和示范力量。屈原以他的诗歌和生命践履了一个理想主义者的光辉典范。尽管屈原已逝矣，但是当我们困顿于现实、迷惘于未来时，有理由相信，每一次回望屈原都将给人以走出精神失落、价值迷惘的动力。毕竟是：

屈平词赋悬日月，楚王台榭空山丘。

附　录

年　谱

前339年~前333年（楚威王元年~七年）　生于郢都，母教七岁。

前332年~前319年（楚威王八年~楚怀王十年）　就学求知，为王文学侍臣。盖期间，作《橘颂》以表幼志。

前318年~前313年（楚怀王十一年~十六年）　为王左徒。约二十二岁时，受怀王信任、赏识，升任左徒，并被重用而制定宪令。二十七岁因上官大夫之谗而见疏，并降职为三闾大夫。

前312年~前305年（楚怀王十七年~二十四年）　任职三闾大夫。二十九岁复出，受命出使齐国，重修齐、楚联盟关系。三十岁使齐归来。盖始见疏降职后，作《惜诵》。

前304年~前300年（楚怀王二十五年~二十九年）　绌居汉北。前304年，楚、秦黄棘结盟。是年，遭遇政治生涯中的第一次流放。盖《离骚》创作于离开郢都之时。绌居汉北期间，作《悲回风》《抽思》《思美人》。

前299年~前298年（楚怀王三十年~顷襄王元年）　从汉北回到郢都。是年，秦王照会怀王武关相会，屈原劝怀王勿去，怀王不从。

前297年~前288年（顷襄王二年~十一年）　放逐鄂渚，客居陵阳。前297年，因子兰进谗，遭顷襄王放逐。前296年，怀王客死于秦，作《招魂》。从《哀郢》中“忽若去不信兮，至今九年而不复”一句看，盖《哀郢》创作即将离开陵阳之时。

前 287 年~前 279 年（顷襄王十二年~二十年） 漫游沅湘，客居溆浦。盖期间，作《涉江》《九歌》《怀沙》《悲回风》。

前 278 年（顷襄王二十一年） 秦将白起攻郢。作《惜往日》，坚定赴渊自杀的决心。盖作此“绝命词”后，便来到汨罗江畔，投水自尽。终年六十二岁。

主要著作

1.《离骚》一篇。
2.《九歌》十一篇。
3.《九章》九篇。
4.《天问》一篇。
5.《招魂》一篇。
6.《卜居》一篇。
7.《渔父》一篇。
8.《远游》一篇。
9.《大招》一篇。

参考书目

1. 聂石樵：《楚辞新注》，上海古籍出版社，1980 年。
2. 聂石樵：《屈原论稿》，人民文学出版社，1992 年。
3. 金开诚：《屈原辞研究》，江苏古籍出版社，1992 年。
4. 杨义：《楚辞诗学》，人民出版社，1998 年。
5. 王德华：《屈骚精神及其文化背景研究》，中华书局，2004 年。